Leitura:
Uma aprendizagem de prazer

Suzana Vargas

Leitura:
Uma aprendizagem de prazer

Como trabalhar com Grupos de leitura

Rio de Janeiro, 2021

Leitura

Copyright © 2021 da Starlin Alta Editora e Consultoria Eireli.
ISBN: 978-65-5520-603-6

Todos os direitos estão reservados e protegidos por Lei. Nenhuma parte deste livro, sem autorização prévia por escrito da editora, poderá ser reproduzida ou transmitida. A violação dos Direitos Autorais é crime estabelecido na Lei nº 9.610/98 e com punição de acordo com o artigo 184 do Código Penal.

A editora não se responsabiliza pelo conteúdo da obra, formulada exclusivamente pelo(s) autor(es).

Marcas Registradas: Todos os termos mencionados e reconhecidos como Marca Registrada e/ou Comercial são de responsabilidade de seus proprietários. A editora informa não estar associada a nenhum produto e/ou fornecedor apresentado no livro.

Impresso no Brasil — 1ª Edição, 2021 — Edição revisada conforme o Acordo Ortográfico da Língua Portuguesa de 2009.

Erratas e arquivos de apoio: No site da editora relatamos, com a devida correção, qualquer erro encontrado em nossos livros, bem como disponibilizamos arquivos de apoio se aplicáveis à obra em questão.
Acesse o site www.altabooks.com.br e procure pelo título do livro desejado para ter acesso às erratas, aos arquivos de apoio e/ou a outros conteúdos aplicáveis à obra.

Suporte Técnico: A obra é comercializada na forma em que está, sem direito a suporte técnico ou orientação pessoal/exclusiva ao leitor.

A editora não se responsabiliza pela manutenção, atualização e idioma dos sites referidos pelos autores nesta obra.

Produção Editorial
Editora Alta Books

Gerência Comercial
Daniele Fonseca

Editor de Aquisição
José Rugeri
acquisition@altabooks.com.br

Produtores Editoriais
Ian Verçosa
Illysabelle Trajano
Larissa Lima
Maria de Lourdes Borges
Paulo Gomes
Thié Alves
Thales Silva

Equipe Ass. Editorial
Brenda Rodrigues
Caroline David
Luana Goulart
Marcelli Ferreira
Mariana Portugal
Raquel Porto

Diretor Editorial
Anderson Vieira

Coordenação Financeira
Solange Souza

Equipe Comercial
Adriana Baricelli
Daiana Costa
Kaique Luiz
Tairone Oliveira
Victor Hugo Morais

Marketing Editorial
Livia Carvalho
Gabriela Carvalho
Thiago Brito
marketing@altabooks.com.br

Atuaram na edição desta obra:

Revisão Gramatical
Fernanda Lutfi

Capa
Marcelli Ferreira

Diagramação
Rita Motta

Dados Internacionais de Catalogação na Publicação (CIP) de acordo com ISBD

V297l	Vargas, Suzana	
	Leitura: uma Aprendizagem de Prazer / Suzana Vargas. - Rio de Janeiro, RJ : Alta Books, 2021.	
	160 p. ; 16cm x 23cm.	
	Inclui bibliografia.	
	ISBN: 978-65-5520-603-6	
	1. Leitura. 2. Aprendizagem. I. Título.	
2021-2443		CDD 028
		CDU 028

Elaborado por Vagner Rodolfo da Silva - CRB-8/9410

Rua Viúva Cláudio, 291 — Bairro Industrial do Jacaré
CEP: 20.970-031 — Rio de Janeiro (RJ)
Tels.: (21) 3278-8069 / 3278-8419
www.altabooks.com.br — altabooks@altabooks.com.br

Ouvidoria: ouvidoria@altabooks.com.br

Editora afiliada à:

Para

Luis Filipe Ribeiro,

meu iniciador no mundo da educação para ler;

a todos os meus alunos aos quais menos ensinei do que aprendi;

...e para a Manu, Manuela, minha querida neta e futura leitora.

Estar com quem se ama e pensar em outra coisa: é assim que tenho meus melhores pensamentos, que invento melhor o que é necessário ao meu trabalho. O mesmo sucede com o texto: ele produz em mim o melhor prazer se consegue fazer-se ouvir indiretamente; se, lendo-o, sou arrastado a levantar muitas vezes a cabeça, a ouvir outra coisa. Não sou necessariamente *cativado* pelo texto de prazer; pode ser um ato ligeiro, complexo, tênue, quase aturdido movimento brusco da cabeça como pássaro que não ouve nada daquilo que nós escutamos, que escuta aquilo que nós ouvimos.

(...)

O importante é igualar o campo do prazer, abolir a falsa oposição entre a vida prática e a vida contemplativa.

ROLAND BARTHES,
O prazer do texto

SUMÁRIO

Prefácio — 11

Nota à presente edição — 15

PARTE 01

Palavras iniciais — 21

Pressupostos para uma estratégia de leitura — 25
- ▷ O QUE É LER? — 25
- ▷ A LEITURA COMO CONHECIMENTO — 27
- ▷ LENDO O TEXTO LITERÁRIO — 30
- ▷ REALIDADE, IMAGINÁRIO E LINGUAGEM — 34
- ▷ A LEITURA COMO ESTÍMULO À CRIAÇÃO — 36

A pedagogia da diversidade na leitura do texto literário — 41
- ▷ PROCEDIMENTOS DIDÁTICOS — 45
- ▷ GÊNEROS LITERÁRIOS E ABORDAGEM — 50

Praticando a diversidade — 61

Leitura da literatura infantil — 91
    CONSIDERAÇÕES GERAIS — 91

Palavras finais — 99

PARTE 02

Rodas de Leitura:
 O que são, de onde vieram, para onde vão?   105
  ▷ LEITURA E EDUCAÇÃO   107
  ▷ O GUIA DE LEITURA   110
  ▷ OS TEXTOS   115
  ▷ A LEITURA   119
  ▷ AS CIFRAS DO PROJETO   120
  ▷ BREVE HISTÓRICO DO PROJETO NO CENTRO CULTURAL BANCO DO BRASIL   125
  ▷ PARA ONDE VÃO AS RODAS?   129

A arte de ler em grupo ou vamos ler juntos?   133
 ▷ O QUE É LER HOJE? DE QUE MODO A LEITURA PODE NOS AJUDAR PROFISSIONALMENTE?   133
 ▷ LEITURA EM GRUPO: PRAZER, MOTIVAÇÃO E EFICIÊNCIA   137
 ▷ ESTRATÉGIAS PARA A FORMAÇÃO DE UM GRUPO DE LEITURA   140
 ▷ SUGESTÕES DE PROGRAMAS DE LEITURA A SEREM DESENVOLVIDOS PELO GRUPO   145
 ▷ LEITURA EM GRUPO: OPORTUNIDADE DE POTENCIALIZAR SEUS CONHECIMENTOS   150

Bibliografia   153

BIBLIOGRAFIA SOBRE LEITURA E AFINS   155

Dados biobibliográficos da autora   157

PREFÁCIO

Tempos atrás, a TV globo exibiu, no horário infantil, um programa em que o personagem que não teve uma boa classificação em uma disputa recebia como prêmio uma coleção de livros. A careta de nojo feita pelo *perdedor* foi indescritível. Para ele, ler era sinônimo de castigo. Esse desestímulo à leitura não caiu do céu. Na guerra dos meios, o Brasil deu azar: passou da cultura oral para a eletrônica sem transitar pelo livro. Não formou nem o hábito de ler nem a cidadania, que pressupõe o senso crítico trazido pela imprensa.

Leitura: Uma aprendizagem de prazer, trabalho da poetisa e professora Suzana Vargas, seria nesse contexto um clamor no deserto, não fosse ele uma prática do despertar. Alguém sempre estará a fim. Dirigindo-se aos profissionais do ensino da literatura, que lidam com sensibilidades em estado nascente, mas podendo ser assimilado por qualquer pessoa, a autora foi à luta para descobrir como fazer aflorar em cada ledor um leitor, isto é, como transformar cada indivíduo tecnicamente capacitado a ler em um sujeito de prazer verbal, esteticamente mobilizado pela linguagem e suas relações com a forma, o conteúdo e o contexto da obra de arte literária.

Não há mistério. Simples e didático, este livro é a decantação de anos de experiência pedagógica. Ele começa propondo que se deixe o texto falar e que se trabalhe essa fala na direção de um desvelamento, pelo próprio leitor, da realidade por meio do imaginário, procurando-se nessa aventura uma vivência prazerosa. A leitura é assim um rito de passagem pelo qual o leitor cresce em sua consciência do mundo e da linguagem. A boa nova aqui é: apenas um quase nada de teoria entra em cena. As tribos dos Todorov, dos Greimas, dos desconstrucionistas e de outros canibais, que assolaram as faculdades de Letras com uma orgia conceitual muitas vezes estéril, sobretudo porque afastavam os alunos do texto literário, foram banidas em favor da intuição progressivamente enriquecida dos fatos de linguagem, de estilo, das técnicas narrativas e dos temas desenvolvidos. Por essa via, é mais importante o leitor aprender a interrogar criativamente o personagem Brás Cubas, *reescrevendo-o* em sua imaginação, do que perceber o esconde-esconde do Phallus lacaniano na estrutura difusa de Machado de Assis.

Leitura é uma obra-ferramenta: deve ser avaliada por sua utilidade, pela sua produtividade. Quantos professores Brasil afora sabem explorar com invenção um texto em sala de aula? O livro explicita os métodos com que realiza essa tarefa, aplicando-os na análise de textos de Rubem Fonseca e Adélia Prado. A iniciação à poesia é outro ponto forte do trabalho. Praticamente exilada das livrarias e do interesse dos leitores, a poesia é resgatada com carinho e lucidez por Suzana Vargas, e os preconceitos do hermetismo e da inocuidade com que os versos modernos foram vitimados são postos por terra com explicações acessíveis até aos mais refratários.

Octavio Paz, Paulo Freire, Monteiro Lobato, Osman Lins — gente que escreve para ser entendida por todos — são algumas das bases que servem de apoio à argumentação. Um pouco das categorias literárias tradicionais como gênero, métrica e ponto de vista também estão presentes. O resultado é um texto adaptado às condições brasileiras e por isso comprometido com o esclarecimento e a eficácia. É preciso que alguém diga, como faz Suzana Vargas, que para além dos preços impraticáveis dos livros os brasileiros leem mal porque leem pouco, mas também leem pouco porque foram mal-iniciados.

JAIR FERREIRA DOS SANTOS
é poeta, ficcionista, ensaísta e autor de Cybersenzala

NOTA À PRESENTE EDIÇÃO

A presente edição de *Leitura: Uma aprendizagem de prazer*, originalmente dissertação de mestrado em teoria literária, defendida na Faculdade de Letras da UFRJ em 1988, vem acrescida de dois ensaios sobre leitura em grupo. Tanto quanto a dissertação, ambos são fruto de minha experiência profissional, que remonta ao final dos anos 1970, quando comecei a lecionar, e à minha participação, em 1982 e 1983, a convite de Eduardo Portella, no projeto Clubes de Leitura, do Prodelivro-MEC.

A percepção de que a leitura poderia se estender para além dos bancos escolares e brotar espontaneamente do seio da comunidade deu a meu trabalho em sala de aula uma nova perspectiva, que ao longo dos anos resultou em muitos projetos de formação de leitores com instituições outras que não escolas e universidades. Esses projetos atingiram dimensões imprevistas e espalharam-se país afora.

Deles faço referência direta, aqui, às Rodas de Leitura (projeto desenvolvido ao longo de treze anos numa bela parceria com os Centros Culturais mantidos pelo Banco do Brasil) e também às oficinas de leitura e escrita da Estação das Letras, espaço que idealizei e coordeno desde 1996, no Rio de Janeiro.

Da defesa de dissertação em 1988 até o momento, meu trabalho ampliou-se para além da escola ou da universidade. À ideia de ler em grupo, juntou-se a de que a escrita, tanto quanto a leitura, ajuda a nos expressar como seres integrais: esta complementa aquela, aquela serve a esta quando o que está em jogo é nossa vida em seu sentido mais pleno.

Ainda que venha trabalhando também com eventos de leitura, todos obedecem a um sentido e a um propósito que vão além da mera agitação cultural.

Trata-se, repito, de trabalho pensado, medido, e espontâneo apenas em certa medida. Ele reflete minhas convicções mais profundas, felizmente confirmadas pelos melhores resultados: a conquista de mais e mais leitores para a boa literatura. Leitores que encontram no ato de ler e de escrever um sentido para continuar apostando na vida como forma de autoexpressão.

Para além das dificuldades de percurso em nosso país, de um mercado editorial ainda deficitário e muitas vezes perverso com seus livros caros, poucas livrarias e raras bibliotecas de verdade; para além, ainda, das políticas às vezes equivocadas, muito além mesmo, está este desejo de servir e de ser útil ao que deveria ser óbvio: divulgar os benefícios de uma prática muito elementar: a leitura, simplesmente.

Passados alguns anos da publicação da primeira edição dessa obra, creio que posso mantê-lo integralmente por sua utilidade para professores e mediadores de leitura.

Os dois ensaios "Rodas de Leitura: o que são, de onde vieram, para onde vão?" e "A arte de ler em grupo ou vamos ler juntos?" estão sendo publicados em livro pela primeira vez, embora já sejam conhecidos de um número significativo de pessoas, dada a quantidade de grupos e Rodas de Leitura espalhados hoje pelo país.

SUZANA VARGAS
Rio de Janeiro, fevereiro de 2009

PARTE

01

PALAVRAS INICIAIS

A proposta de utilizar uma dissertação de mestrado para tentar sistematizar uma prática de leitura, transformando-a mais tarde em livro, obedece em mim a uma série de motivações. Entre elas posso destacar duas que considero fundamentais e que se referem à minha prática profissional.

Por estar em contato com leitores ou pessoas que posso transformar em tais — atividade que exerço há muito tempo em vários níveis escolares —, e por minha condição de criadora — pessoa que escreve tanto para o público infantil como para o público adulto —, é que o ato de ler sempre me chamou especial atenção. É verdade que essa prática de criadora e de orientadora tem suas origens biográficas numa infância e adolescência que desconheceram o fantástico *show* da vida de nossas televisões. Mas não cabe aqui discorrer nem sobre a infância despovoada de vídeos, tevês ou mesmo jornais, nem discutir o indiscutível e fundamental papel que cumpre a tevê na vida atual de qualquer cidadão médio.

Desejo restringir-me apenas ao que minhas duas profissões (escritora e professora de língua e literatura) me levaram a refletir sobre o ato de ler, seu significado, seu objeto e, se é que existe alguma fórmula milagrosa para esse ensino, seu método e sua relação com o ato criador: o fazer literário. Ao escrever "literário" percebo-me nomeando uma das limitações deste trabalho, que é o fato de estar me referindo aqui sempre à leitura do texto literário, e não àquela leitura do mundo, mais ampla e geral, entendida como ato de compreensão e de educação para a vida em sociedade, o que exigiria, no mínimo, profundo conhecimento de outras áreas da cultura, como filosofia, biologia, sociologia e antropologia, antes mesmo de ser dissertação em teoria literária. O fato é que a leitura do texto literário agiliza nossa compreensão dos símbolos por meio dos quais a realidade se explica, portanto, esse tipo de leitura apresenta uma função ordenadora na qual pesam sua desordem e subjetividade aparentes.

Este estudo expressa, num primeiro momento, o que entendo pelo ato de ler literatura. Mais especificamente, tento uma conceituação daquilo que sempre me pareceu ser o fundamento de nossa atividade como professores de língua, ou seja: despertar o prazer da leitura, do texto, como nos fala Roland Barthes.

A seguir, tentarei, a partir da prática e observações *pessoais*, de observações e estudos sobre o tema, formular um método de ler, ou método de despertar o prazer de ler, o que será posto em prática num terceiro momento em que analiso alguns textos. A análise constará tanto de textos de literatura produzidos para adultos quanto de textos dirigidos ao público infantil. Rubem Fonseca comparece com o conto "O desempenho", e ainda na esteira da prosa analiso o conto "História porto-alegrense", de Moacyr Scliar. Os poemas "Um silêncio", de Adélia Prado, e "Debussy", de Manuel Bandeira, são analisados logo após. No âmbito de literatura infantil, estudo *Marcelo Marmelo Martelo*, de Ruth Rocha.

Cumpre notar que esta breve reflexão quer ser útil sempre enquanto reflexão, enquanto texto que se pensa e ao mesmo tempo se faz. E, ainda que não se dirija a um público específico propriamente dito, quer alcançar todos aqueles que se interessam pelo assunto, entre os quais meus colegas, professores de todos os níveis, inclusive o universitário.

PRESSUPOSTOS PARA UMA ESTRATÉGIA DE LEITURA

▷ O QUE É LER?

Apesar deste trabalho limitar-se apenas à leitura da obra literária, nesta etapa penso fundamentalmente na leitura do mundo, que é um ato de compreensão do que se vê, ouve e sente. A criança inicia seu aprendizado a partir de sentidos anteriores à visão: aprende a respirar e, aos poucos, troca um modo de viver por outro, percebendo novas realidades pelo tato, olfato, paladar etc. Adapta seus instintos às condições que o meio lhe oferece, estabelecendo, desse modo, relações de sentido para acompanhar o sigiloso mover-se da vida.

Acrescenta, mais tarde, a essa vida quase apenas sensitiva, o mundo da linguagem oral e, depois, o da escrita, que a primeira palavra lida inaugura. E ler significará para sempre o ato de compreender e estabelecer relações inicialmente individuais com cada objeto ou ser que nomeia, ampliando-as mais tarde. Ao fazê-lo, descobre a função

> *A leitura constitui-se em uma das atividades humanas essenciais: penso, falo, ouço, escrevo e leio.*

desse objeto no contexto em que está inserido. E quanto maior o número de relações estabelecidas, mais importância adquire, maior riqueza lhe oferecerá o objeto da leitura, o livro ou similar — e a realidade que lhe deu origem.

Ao aprofundar mais essa breve reflexão sobre o ato de ler posso, com Paulo Freire, entender o processo de leitura como o estabelecimento de uma relação dinâmica que vincula a linguagem à realidade. Essa vinculação me faz perceber melhor a mim mesma, o universo das palavras e o contexto a que se referem.

A palavra ler vem do latim *legere*, significando *ler* e *colher*. Interpreto símbolos gráficos de modo que se tornem compreensíveis. A leitura constitui-se em uma das atividades humanas essenciais: penso, falo, ouço, escrevo e leio.

O que me interessa, quando falo em leitura, são seus efeitos sobre o indivíduo como forma de conhecimento ou reconhecimento da realidade.

Ler, portanto, significa colher conhecimentos, e o conhecimento é sempre um ato criador, pois me obriga a redimensionar o que já está estabelecido, introduzindo meu mundo em novas séries de relações e em um novo modo de perceber o que me cerca. Não vou argumentar aqui com a extrema ambiguidade das palavras e sua estreita relação com meu mundo individual: casa é sempre minha casa até o momento em que eu possa indicar outro dono para esse mundo evocado. Quando digo ou leio "casa de Maria" sou obrigada a redimensionar meu contexto, a estabelecer relações necessárias de identidade e de diferença entre minha casa e a casa do outro.

E não existe revolução maior do que aquela que se opera em todo ato de fala ou de leitura.

Nasce, desses jogos da percepção, um olhar mais crítico para o contexto, inaugurado pela reinterpretação. Quando leio sou, pois, criadora, uma transformadora da ordem, sempre. E não existe revolução maior do que aquela que se opera em todo ato de fala ou de leitura. Quando leio, reescrevo, recrio a cada palavra o que já está aí. O que o mundo me oferece só adquire sentido, existência e valor por meio da leitura (ou seja: minha ligação efetiva com o que me cerca).

▷ A LEITURA COMO CONHECIMENTO

Ler, para mim, sempre foi um ato de conhecimento e, consequentemente, de prazer. Mas apenas me tornei consciente desse processo quando precisei ensinar a ler, não a juntar sílabas, mas a somar ideias. Descobri nesse

> *Fruir o texto significa descobrir a vida enredada em suas malhas.*

momento que, se não conscientizasse o aluno dessa possibilidade (prazer + conhecimento), jamais poderia aproximá-lo do texto. Fruir o texto significa descobrir a vida enredada em suas malhas. Significa perceber a realidade de forma mais palpável por meio da impalpável trama da linguagem. E palavras, signos, formas, todos juntos, passam a significar mais concretamente, inclusive, que a abstrata matemática dos números. Se antes dos textos lemos a realidade com os sentidos, com os textos acrescemos mais ainda essa possibilidade da percepção, porque o ler significa apoderar-me *também* daquilo que está distante dos sentidos. Quando leio sobre Paris, por exemplo, de alguma forma me apodero dessa cidade e dessa cultura sem, entretanto, precisar viajar até lá. Posso dizer que conheço Paris sem necessariamente ver Paris. Imediatamente reconheço meu país, minha cidade, pelo contraste que se estabelece entre a realidade europeia e a minha, entre a história da Europa e a latino-americana, entre a política dali e a de cá. E me descubro como indivíduo em relação a Paris.

Ajudar a perceber o conteúdo informativo do texto (e a informação ocorre sempre em variados graus e direções dependendo de quem lê) é fundamental para que se desenvolva o gosto pela leitura. Mais adiante, o processo se sofistica um pouco quando o leitor passa a reconhecer o texto como construção, como estrutura.

Parece que estabeleci, já aqui, três momentos importantes a se considerar no trabalho de desenvolvimento do gosto pela leitura:

> » Os processos cognitivos envolvidos no ato de leitura.
>
> » O processo de dominação da realidade advindo do ato de ler e sua consequente formação-informação.
>
> » A importância de conscientizar o aluno de todos esses processos.

Distinguir ledores de leitores é sempre fundamental quando se trata de educação. A estrutura educacional brasileira tem formado até agora mais ledores que leitores. Qual a diferença entre uns e outros se os dois são decodificadores de discursos? A diferença está na qualidade da decodificação, no modo de sentir e de perceber o que está escrito. O leitor, diferentemente do ledor, compreende o texto em sua relação dialética com o contexto, em sua relação de interação com a forma. O leitor adquire, por meio da observação mais detida e da compreensão mais eficaz, uma percepção mais crítica do que é lido, isto é, chega à política do texto. A compreensão social da leitura dá-se na medida dessa percepção. Pois bem, uma vez que ajudo meu leitor, meu aluno, a perceber que a leitura é fonte de conhecimento e de domínio do real, auxilio na percepção do prazer que existe na decodificação aprofundada do texto.

Os processos cognitivos que envolvem o ato de ler são muitos e são diversificados. A consequência direta da decodificação aprofundada é uma leitura mais ampla e consequente da realidade que pode ser compreendida em maior ou menor grau, dependendo do ponto de vista de quem lê e do que lê.

▷ LENDO O TEXTO LITERÁRIO

Podemos distinguir vários tipos de leitura, mas interessa-me, neste trabalho, a leitura da literatura tal como venho praticando em sala de aula, sempre no sentido de despertar o prazer do texto e aguçar o potencial cognitivo e criativo do aluno.

Qual a especificidade do texto literário em relação a outros tipos de leitura? Conforme Ronald Baker, em seu livro *A Fome de Ler*, posso dizer que:

> A leitura é a reconstrução de uma obra nova pelo leitor (...). É outra experiência, que se caracteriza pelo confronto entre as imposições do texto e a predisposição do leitor. Quanto mais fortes e determinantes forem as imposições, mais "funcional" é a obra e menos margem ela deixa à iniciativa do leitor. É o caso das obras didáticas, técnicas e científicas. Quanto maior a latitude deixada ao

leitor para exercer sua predisposição, mais literária é a obra.

A literatura informa por meio de dimensões outras que não as da realidade imediata, por sua ambiguidade, sua plurissignificação. Ao ler um romance, por exemplo, reajo com os sentidos, com a emoção, conheço a outra dimensão da realidade que é o imaginário. Personagens e situações se constroem e se desconstroem diante de meus olhos, assumem concretude por intermédio da minha identificação ou não com seu mundo.

> *A literatura informa por meio de dimensões outras que não as da realidade imediata, por sua ambiguidade, sua plurissignificação.*

Essa identificação, ou seu contrário, assume importância especial quando se trata do texto literário, seja qual for o gênero (prosa, poesia, teatro). As dificuldades maiores se apresentam ao leitor (adulto ou criança) que está habituado com os textos ditos objetivos, ou seja, aqueles cuja imposição em âmbito interpretativo se faz sentir de modo mais palpável, e ao ledor (infelizmente, a maioria), cuja educação se orientou sempre no sentido de dissociar a realidade da linguagem, a ficção da realidade, a linguagem do imaginário, como se uns e outros fossem fenômenos distintos.

Mais adiante, e de modo aprofundado, volto a essa questão. Quero, por enquanto, pensar na relação do leitor com a linguagem literária, com a linguagem simbólica, geradora de uma leitura de risco, de uma leitura libertária, como nos fala Italo Calvino neste breve depoimento sobre o ato de ler:

> Tenho certeza de que a leitura não é comparável a nenhum outro meio de aprendizagem e de comunicação, porque ela tem um ritmo que é governado pela vontade do leitor; a leitura abre espaços de interrogação, de meditação e de exame crítico, isto é, de liberdade; a leitura é uma correspondência não só com o livro, mas também com nosso mundo interior através do mundo que o livro nos abre.

A atividade cultural da infância e da adolescência, apoiada pelo sistema educacional, é interrompida quando termina a escolaridade e, muitas vezes, abandonada pela falta de estímulo. Isso não significa que a criança não avance, em termos cognitivos, porque não lê, mas esse processo é retardado, pois sem leitura ela apenas conhece ou reconhece o que está perto de si. Isso se não levarmos em conta os meios de comunicação de massa, entre eles a televisão, que aproxima fenômenos distanciados no espaço.

A linguagem da prosa literária e do poema, dado seu nível simbólico, permite ao aluno (criança ou adulto) um alargamento de seu nível de compreensão em variadas direções, permitindo-lhes "saírem de si". Creio que ensinar a ler o texto literário equivale inclusive a ensinar a viver *também* com a imaginação, como diz Jacqueline Held: "Uma vida humana é também uma ficção que o homem inventa à medida que caminha."

A essência do que posso chamar de "ficção" consiste em compreender que nela existe certo clima em que realidade e sonho se interpenetram a tal ponto que seus limites desaparecem. Mesmo as narrações que classifico como realistas só me interessam porque apresentam a realidade modelada pelo sonho, quando se torna linguagem na recriação do escritor.

Os poemas evidenciam ainda mais a ausência de barreiras entre sonho e realidade. Quando Cecília Meireles me diz, por exemplo, "pus o meu sonho num navio", estou diante da imagem e todos sabemos o que é uma imagem: a fusão de contrários, o abstrato e o concreto se correspondendo e, ao mesmo tempo, se contrapondo. A tensão que a imagem poética estabelece e seu poder de síntese não admitem censuras:

> Pus o meu sonho num navio
> E o navio em cima do mar
> Depois abri o mar com as mãos
> Para o meu sonho naufragar (...)

Cecília inventa um sonho e o concretiza na imagem: abre o mar com as mãos para que seu sonho naufrague... Como enfrenta a linguagem do poema o indivíduo que não concebe a realidade como movimento e dialética? O ato de ler, dependendo de quem lê, de quem orienta

> *Para ler o texto literário há necessidade de fazer desaparecer as barreiras entre a realidade, o imaginário e a linguagem.*

a leitura, pode, nesse momento, não só levar ao mero endosso das normas já estabelecidas, ou seja, separação entre concreto e abstrato, racional e irracional. Mas também — e essa é a função do educar leitores de literatura — permite o rompimento desse círculo vicioso, levando ao desenvolvimento do pensamento crítico pela utilização do simbólico e pela percepção da plurissignificação. Chego, então, a mais uma conclusão, dessa vez fundamental, pois se trata do objeto desse depoimento — leitura da literatura: para ler o texto literário há necessidade de fazer desaparecer as barreiras entre a realidade, o imaginário e a linguagem.

▷ REALIDADE, IMAGINÁRIO E LINGUAGEM

A linguagem é o real. É o modo como o entendo e o expresso. O imaginário é também real enquanto expresso pela linguagem. Posso considerar a realidade como fenômeno existente e inexistente? No âmbito da linguagem, mesmo meu mais inusitado relato adquire consistência e foro de verdade.

Verdade e mentira, também do ponto de vista da linguagem, inexistem, bem como toda e qualquer concepção que pretenda compartimentar ou classificar a realidade.

Mas as distinções, e as classificações, são todas tentativas de explicar o mundo a partir de uma lógica comum. Essa lógica, camisa de força da criação e da poesia, existe desde que o homem passou a procurar justificativas, que nada mais são do que imensas convenções que o ajudam a enfrentar tanto realidades absurdas quanto imaginários possíveis.

Isso posto, creio introduzir de modo necessariamente "lógico" a noção de que a arte como linguagem é sempre manifestação concreta da história. A literatura estaria, nesse terreno, apta a ajudar o indivíduo a perceber, de modo mais palpável, a linguagem das coisas. Porém, segundo observo, a orientação que leitores de literatura recebem, corroborada por uma educação no sentido de cada vez mais estereotipar a realidade, está sendo dada de modo a fechar o círculo de relações possíveis de estabelecer entre o texto literário e o real. A análise estruturalista em suas várias modalidades, tão em moda até pouco tempo (sem negar sua importância na medida em que forçou a interpretação a voos

> *A arte como linguagem é sempre manifestação concreta da história.*

menos delirantes), parece ter limitado professor e aluno, leitor e leitura.

Não é possível orientar e despertar para a leitura da ficção se parto da oposição realidade *x* discurso literário. Meu trabalho, nesses anos de magistério, sempre se pautou pelo princípio de demolir esses conceitos, na maior parte das vezes, preestabelecidos. Mostrar a realidade e a objetividade até mesmo da literatura dita fantástica, e utilizar esse texto "fantástico" para despertar o aluno para a leitura, são estratégias bastante eficazes.

▷ A LEITURA COMO ESTÍMULO À CRIAÇÃO

> Nessa admiração que ultrapassa a passividade das atividades contemplativas, parece que a alegria de ler é o reflexo da alegria de escrever, como se o leitor fosse o fantasma do escritor.
>
> GASTON BACHELARD

A aquisição do espírito crítico e o desenvolvimento do vocabulário parecem ser, à primeira vista, dois dos principais efeitos da leitura sobre o indivíduo. No entanto, apesar de reconhecê-los como atributos ou consequências naturais do ato de ler, acrescento um terceiro sem o qual toda e qualquer leitura que eu faça com meus alunos parece ficar incompleta. Trata-se da criação. A leitura é essencial para a compreensão do escrever, ou seja, só quando leio o texto literário e este me estimula a escrever ou criar a partir dele é que o círculo se fecha.

O mundo ficcional, a imagem poética, como vimos a partir de sua ambiguidade, estimulam o imaginário de forma que, ao ler, me transformo em coautora: escrevo com o autor outra e a mesma história em minha imaginação. Essa transformação se dá no nível da reflexão — sou autora da casa descrita no texto, dos trejeitos da personagem, da rua, da cidade onde se passam os acontecimentos — e no plano da criação no momento em que objetivo minha história, no momento em que escrevo. O ciclo do prazer se fecha: agora, também escrevi uma história, um poema, um texto objetivo etc.

Essa intimidade com a criação, a que me leva a leitura, me faz compreender melhor o ato de escrever e chego, com Frank Smith, a conclusões bastante interessantes:

> *O mundo ficcional, a imagem poética, como vimos a partir de sua ambiguidade, estimulam o imaginário de forma que, ao ler, me transformo em coautora.*

> » O redigir pressupõe o saber ler, mas a leitura pode prescindir do escrever embora a atividade redacional ofereça pistas ou atalhos à compreensão de alguns aspectos da leitura.
>
> » A despeito da enorme ênfase na alfabetização e dos esforços (pressões) das escolas em promover a alfabetização, elas não são lugares adequados para se aprender a ler e a escrever.
>
> » O escrever e o ler não deveriam ser ensinados, pelo menos não como matérias ou disciplinas escolares... o que os aprendizes precisam é saber como a redação e a leitura fazem sentido em suas vidas.

O texto é polêmico, principalmente a segunda afirmativa, pois todos nós sabemos que é na escola que as crianças iniciam seu aprendizado de leitura. Mas, segundo observei, Frank Smith não está sozinho. Ruth Rocha, conhecida autora de livros infantis e infantojuvenis, em entrevista à revista semestral da Associação de Leitura do Brasil, afirma também que é na escola que a maioria das crianças desenvolve a capacidade de ler, mas, segundo ela, em vez de matéria obrigatória, a leitura deveria ser transformada em atividade artística:

> Acho que é uma coisa que tem duas faces, como tudo no mundo tem direito e avesso. Por um lado, eu acho que a escola é, às vezes, a única oportunidade que as crianças têm de entrar em contato com

a leitura. Se a gente contar o número de crianças que leem ou que tiveram acesso à leitura a gente vai ver que um grande número teve acesso à leitura por meio da escola. Por outro lado, a leitura não deveria ser selecionada, vamos dizer, na base do que ela tem de ensinamento, do que ela tem de "mensagem". *A leitura deveria ser posta na escola como uma atividade e não como uma lição, como uma aula, como uma tarefa* (grifo meu). O texto não deveria ser usado, por exemplo, para a aula de gramática, a não ser que fosse usado de maneira criativa, muito engraçada, muito interessante. Porque, se assim não for, faz com que a leitura fique parecendo uma obrigação, uma tarefa e aquela velha frase de Monteiro Lobato: "É capaz de vacinar a criança contra a leitura para sempre."

Tratar a leitura como uma atividade artística. Talvez esta seja a forma de não vacinar as crianças contra ela. E é também minha proposta como professora de língua. Sempre que leio ou apresento um texto a meus alunos, de alguma forma concluímos a leitura com uma produção escrita por eles, seja ela feita em grupo ou realizada individualmente.

Para Moacir Gadotti, o ato de ler é incompleto sem o ato de escrever. Como ele mesmo diz:

> O *ato de ler* é incompleto sem o *ato de escrever*. Um não pode existir sem o outro. Ler e escrever não apenas palavras, mas ler e escrever a vida, a história. Numa sociedade de privilegiados, a leitura e a escrita são um privilégio. Ensinar o trabalhador apenas a escrever seu nome ou assiná-lo na

carteira profissional, ensiná-lo a ler alguns letreiros na fábrica, como *perigo, atenção, cuidado* (grifos meus), para que ele não provoque algum acidente e ponha em risco o capital do patrão, não é suficiente... Não basta ler a realidade. É preciso escrevê-la.

Pensando, então, na leitura como uma atividade também de criação, e no prazer que produzir textos dá ao indivíduo, é que sempre optei pela escrita como complemento da leitura.

Ensinar a meu aluno o prazer de criar — e aqui criar não se refere tão somente ao ineditismo daquilo que se produziu, mas ao fato de poder colocar a realidade em movimento, a roubar a fagulha do fogo divino como sugere o mito de Prometeu — é o que considero função fundamental no ato de ensinar a ler.

A PEDAGOGIA DA DIVERSIDADE NA LEITURA DO TEXTO LITERÁRIO

A proposta de leitura que tento, de algum modo, formalizar aqui se apoia, repito, fundamentalmente, em minha prática de sala de aula. Foi dessa prática que retirei os pressupostos anteriores. Creio, como Osman Lins, "que o ato de ler deve ser algo variado, festivo e enriquecedor", acredito na leitura libertária, artística, como quer Ruth Rocha, mas acima de tudo isso, como leitora, professora e criadora, penso como Paulo Freire:

> A opção realmente libertadora nem se realiza por meio de uma prática manipuladora, nem tampouco por intermédio de uma prática espontaneísta. A manipulação é castradora, por isso, autoritária. O espontaneísmo é licencioso, por isso, irresponsável.

Daí que divido a leitura em dois tipos: a *espontânea* e a *motivada*. É esta última a que mais me interessa neste livro, já que a realidade educacional brasileira não permite que a leitura espontânea ocorra com mais frequência. Aqui, infelizmente, nossas crianças e mesmo os adultos costumam associar leitura de texto, principalmente de texto literário, à tarefa escolar.

Desde que comecei a lecionar, pude perceber, e diariamente confirmava isso nas salas de aula, que se não houvesse motivação suficiente os livros não seriam entendidos e, muito menos, lidos. Então iniciei uma prática que objetivava despertar o prazer de ler mediante alguns procedimentos básicos aos quais já me referi, mas aqui passo a sistematizar:

> » Conscientizar o aluno do significado do ato de ler (leitura como conhecimento).
>
> » Observar com o aluno como o texto ficcional nos fala de nossa realidade e nos ajuda a compreendê-la.
>
> » Por meio de exercícios variados, jogos e brincadeiras, transformar esse aluno numa espécie de coautor do texto, induzindo-o também a criar.

Esses procedimentos básicos, evidentemente, possuem múltiplos desdobramentos.

O primeiro deu origem àquilo que costumo chamar de pedagogia da diversidade. A pedagogia da diversidade diz respeito à forma de explorar o texto ficcional que não se atém apenas à análise literária. Ler literatura significa ler a vida, e não se pode aprisionar a vida entre metáforas e metonímias, classificações de narradores ou de personagens, estilos de época etc.

Descobrir que leitura de prosa ou de poesia é conhecimento da vida e significa perceber, por meio da ficção, nossa história e o que o homem pode formular em torno disso tudo. Significa também descobrir a linguagem do imaginário e seu poder transformador de, como nos diria Roland Barthes, descobrir a margem móvel do texto, o retorno da cultura por meio dele.

> *Leitura de prosa ou de poesia é conhecimento da vida e significa perceber, por meio da ficção, nossa história e o que o homem pode formular em torno disso tudo.*

Diversidade aqui significa a possibilidade que o professor tem de informar o aluno, explorando o texto em seus vários níveis: psicológico, histórico-sociológico, filosófico ou epistemológico, filológico-linguístico, incluindo aí a análise literária. Em outras palavras, penso que as análises, as leituras de descobertas puramente *literárias*, ao invés de aproximar, frequentemente afastam os leitores da literatura.

Claro está que essa diversidade exige do professor um acúmulo de informações que digam respeito a outras séries da cultura que não apenas a série literária. Música, teatro, cinema, história geral e outros estariam aí incluídos.

O segundo procedimento refere-se a outra possibilidade que surge quando da leitura do texto literário: o inventário do cotidiano que a literatura, em geral, faz. Esse cotidiano ficcional produz facilmente uma relação de identificação com o mundo do outro, ainda que essa identificação se dê por uma aparente discordância ou oposição. A linguagem é o real, repito. Uma vida humana é uma ficção que se constrói etc. Necessário se faz aqui o famoso exercício da troca de experiências. Mostrar que, mesmo no texto aparentemente absurdo, é nossa vida, nosso cotidiano que o movimenta, como, por exemplo, ao lermos os textos de Gabriel García Márquez nos quais, após o estranhamento inicial (devido à absurdidade das situações e personagens: homens com asas, avós que possuem o sangue verde etc.), logo nos damos conta de que, afora esses fenômenos, toda a trama urdida e o universo narrado são essencialmente humanos e reais.

Pôr em movimento o nível simbólico do romance, do conto, do poema, significa encontrar-me com eles na realidade. O imaginário vive do real que é linguagem. É o momento de desarrumar as gavetas da verdade e da mentira, do racional e do irracional, do belo e do feio, e descobrir que é na desarrumação que se situa a história, nossa história. Sem essa desarrumação toda leitura será ingênua e puramente informacional.

O terceiro procedimento parece encerrar o que chamo de ciclo do prazer — é o momento de escrever. Nele, o indivíduo se descobre também criador de realidades. Ele pode, a partir daí, escrever, pintar, "cantar" o real. Se reconhece agindo, transformando: sujeito da história, dono de sua ficção.

▷ PROCEDIMENTOS DIDÁTICOS

CONTEÚDO E FORMA

A interpretação do texto literário depende sempre da compreensão do universo que nos é apresentado e que, em primeira instância, deve abranger vários níveis, entre os quais: o reconhecimento do léxico, a interpretação do conteúdo, a associação de ideias do autor com as do leitor, a retenção e a capacidade de reprodução dessas ideias.

Sempre que leio em sala de aula, costumo pedir aos alunos uma síntese oral ou por escrito das ideias do autor — no caso da ficção, uma síntese da narrativa e de seu conteúdo. A partir do momento em que penetramos naquilo que o autor e a história abordam, passamos a uma exploração do texto em seus diversos níveis — fica claro que alguns desses níveis, muitas vezes, estão mais palpáveis do que outros. Quero deixar claro também que *qualquer interpretação, ou descoberta de conteúdo, é sempre feita pelos alunos* e a partir de questões que lhes dirijo ou de comentários iniciais feitos por eles. Trato sempre para que essas questões sejam, no mínimo, curiosas.

Depois de explorado o conteúdo, passo às questões formais que — agora sim — vão desde a teoria da narrativa, ou da poesia, até a construção sintático-gramatical se essa construção *interessar* ou for *muito importante* para a compreensão do texto. Melhor dizendo, não privilegio o conteúdo, mas penso que antepor o entendimento da forma, e das questões meramente técnicas, esvazia qualquer conteúdo, por mais brilhante que seja. Gosto de descobrir para/ com o aluno que determinado conteúdo é sempre acompanhado de uma construção narrativa, vocabular, uma sintaxe, forma, enfim, que lhe corresponde.

É o caso, por exemplo, do conto de Caio Fernando Abreu, "Além do ponto", que narra o trajeto de um personagem de sua casa até a casa de alguém por meio do fluxo de consciência do protagonista. O indivíduo caminha angustiado sob a chuva e essa angústia é transmitida ao leitor por meio de uma forma angustiada de narrar. O que significa isso em termos de construção? Parágrafo único, ocupando o conto inteiro, pouca pontuação, repetição de palavras, narração no futuro do pretérito etc.

A descoberta da técnica, enfim, nunca é anteposta. Se — no caso das aulas de literatura — o texto pertence a tal ou qual estilo de época, se houve ou não referências críticas ao autor, a seu estilo, essas são informações que dou sempre *a posteriori*.

O mesmo acontece com o gênero lírico. Creio que a poesia merece o entendimento de sua mensagem — sempre plurívoca, ambígua, sintética, antes de sabermos se suas rimas são ricas ou pobres, se se trata de uma redondilha maior ou menor, se fulano é modernista ou parnasiano.

A ESCOLHA DOS TEXTOS

Em um conto de Julio Cortázar, "Continuidade dos parques", bastante estudado com meus alunos, um personagem-leitor é assassinado pelo protagonista da novela que lê. Esse enredo não é, inicialmente, compreendido por grande parte da turma. Parece-lhes sempre absurdo demais um personagem romanesco "criar vida" e assassinar seu leitor. Essa discussão — quem vai morrer/quem vai matar — percorre a sala de aula durante algum tempo. Depois de descoberta a trama (após várias leituras, diga-se de passagem), e discutidos o conteúdo e a forma, inicio uma longa reflexão sobre o simbolismo do enredo com meus alunos.

Estaria Cortázar absurdamente afirmando o impossível? Estaria o escritor, já que a literatura é também ludismo, apenas brincando conosco? É óbvio que não. Mas a trama, faço-os ver, remete-nos ao significado do ato de ler, à função da leitura/literatura na vida do indivíduo.

Morremos um pouco, sim, toda vez que lemos. O livro é um assassino em potencial, com um enorme poder de interferência em nosso cotidiano. E a cada releitura uma parte do leitor morre para dar lugar a um novo indivíduo — ele, mais a parte do mundo que o livro lhe mostrou. Não cruzamos o mesmo rio duas vezes como nos ensina Heráclito. Tampouco lemos um livro pela segunda vez.

Essa "morte" simbólica pode gerar homens melhores ou piores, dependendo daquilo que foi lido, mas uma coisa é certa: nunca permanecemos os mesmos. Costumo, ainda, baseada no que acabei de afirmar, explicar a censura a determinados livros, certas músicas, peças teatrais etc. Com isso, tento abolir o mito da neutralidade em educação, em arte, e reafirmo a natureza política do processo educativo.

Essa natureza política do educar é que me leva a ter bastante cuidado com os textos que escolho. Trato, nos cursos, de que existam leituras feitas em casa e comentadas em sala de aula, mas sempre aposto no prazer das leituras e descobertas feitas em sala de aula. Os livros e os textos escolhidos vão variar dependendo do grau de maturidade da turma, e das possibilidades de aquisição do material, tudo isso girando ao redor de meus objetivos como orientadora. Mas existem, nessa escolha, alguns critérios gerais que podem servir tanto para alunos do ensino fundamental quanto para alunos do curso universitário:

a) Os textos em sala de aula são, em geral, aqueles que me proporcionam prazer. Penso que o professor nada consegue descobrir em textos que não lhe agradam. Corremos nós (os professores), ao lermos os textos determinados *de fora*, o risco de apenas repetir impressões que este ou aquele crítico teve acerca da obra a estudar.

b) Os textos lidos, além de me proporcionarem prazer, devem possuir outros atributos que dizem respeito a sua utilização prática, de efeito didático. Por exemplo, sempre escolho textos curiosos, informativos e bem escritos. Sua leitura geralmente não deve ocupar mais do que 10 ou 15 minutos do tempo total da aula, e é sempre feita em conjunto com os alunos, ou seja, leio em voz alta e eles acompanham, *cada um com seu respectivo texto.*

Para que a leitura em conjunto ocupe um tempo menor, dou preferência a pequenos contos, crônicas e poemas. Se estou lendo um romance, trato de explorá-lo por partes (capítulos etc.).

c) Se os autores não são contemporâneos, faço o possível para introduzir meus leitores na contemporaneidade do assunto, pois sabemos que, a rigor, não existem temas antigos ou atuais. Desde que me reconheço como leitora, parece-me que os escritores, e os artistas, renovam preocupações universais e seculares — o tempo, a morte, o amor e a história envolvendo tudo isso.

Não existem, portanto, assuntos essencialmente novos ou tão antigos que eu não possa descobrir sua juventude com meus alunos.

Essas são minhas primeiras preocupações quando da escolha da leitura. Porém, nunca será demais acrescentar que qualquer texto, bom ou ruim, pode ser explorado com criatividade desde que eu saiba nele reconhecer a diversidade apontada na primeira parte deste capítulo. De resto, existem procedimentos e abordagens típicos de cada gênero literário, sobre os quais falarei a seguir.

▷ GÊNEROS LITERÁRIOS E ABORDAGEM

Há algum tempo, com o advento dos vários formalismos e, creio, por razões históricas — no caso brasileiro —, reparo que o ensino de literatura (nos ensinos fundamental, médio e, principalmente, no superior) reduziu-se quase à pura teoria. Com raras exceções, estuda-se mais a teoria da literatura do que propriamente aquilo que lhe deu origem: o texto. Advoga-se uma separação entre leitura de texto no ensino fundamental e literatura no ensino médio como se houvesse um divórcio real entre ambas.

Ao tentar sistematizar o ensino da literatura, os currículos, ironicamente, periodizaram-na *contra* a história. Como professora desses níveis todos, muitas vezes fui obrigada a cumprir o programa que a escola determinava e nele constava, como orientação geral, a iniciação dos alunos (ou vestibulandos — porque o vestibular passou também a determinar *o que* e *como* ensinar) no panorama geral da literatura, estudando seus períodos e sua formação. Envolvia-se ou envolve-se o aluno numa roda-viva de tendências, características dos estilos de época, de "ismos" como costumo dizer. Estuda-se o texto procurando encaixá-lo em determinadas características gerais formais e conteudísticas de um período. Antepõe-se a teoria à leitura. Situação cômoda, parece. Diante disso, me pergunto como sentirá prazer na descoberta teórica — porque ele existe também — o indivíduo que não conhece ou não entende o instrumento-gênese da teoria, ou seja, o texto? Vejamos a lúcida reflexão de Osman Lins em artigo de 1976:

> Sabe-se quanto deixa a desejar, hoje, o nível médio dos alunos que ingressam nos cursos de letras.
> Como entender e admitir que sofisticados métodos de abordagem de obras literárias sejam propostos a alunos sem nenhuma experiência de leitura e, o que é mais, aceitos por eles? Havendo refletido ainda, passo a considerar de outra perspectiva o fato, que já não me surpreende tanto; ao contrário, creio ver aí coerência; as duas coisas (*alunos sem leitura e métodos requintados*) se completam... (grifo meu).

Vejo agora que há, por trás de tudo, uma mola tão simples e óbvia que me escapava: os métodos de abordagem a que nos referimos, apesar de complexos, são, mesmo assim, claramente articulados, rígidos, seguem determinados cânones, obedecem a fórmulas bem definidas e, por tudo isso, podem ser ensinados, embora um tanto superficialmente, mas, ao mesmo tempo, com uma certa eficiência, a alunos com escassa ou nenhuma experiência de leitura.

Os métodos sofisticados aos quais se refere o célebre autor de *O Fiel e a Pedra* são, na realidade, simplificações que afastam nossos alunos do ato de ler, revestindo tanto o entendimento quanto as manifestações escritas do entendimento (a crítica) de uma erudição apenas aparente.

A proposta de abordagem nos diversos gêneros literários que exponho a seguir é uma tentativa de fugir dessa simplificação ajudando, desse modo, o aluno a descobrir, no texto, a possibilidade de conhecer a realidade de forma mais vertical.

PROSA — AS VÁRIAS FICÇÕES: CONTO, CRÔNICA, ROMANCE

Existem procedimentos básicos na abordagem da prosa em geral. Além da escolha cuidadosa dos textos à qual já me referi, adoto estratégias muito definidas para a leitura da ficção. Entre elas, duas me parecem indispensáveis, se é que quero fazer com que meu aluno leia e entenda o que lê:

> » Abolir a falsa oposição entre realidade ficcional e realidade vivencial: tudo é possível diante da linguagem literária.
>
> » Estudar o simbolismo da linguagem e da realidade ficcionais: simbolismo do espaço, da ordem dos acontecimentos (tempo da narrativa), da personagem (que nunca é uma pessoa, embora possa representá-la), do ponto de vista do narrador.

Determinadas narrativas favorecem essa, por assim dizer, "educação para o estudo da ficção": são aqueles textos pertencentes ao teoricamente chamado "realismo mágico", à literatura do absurdo, ao fantástico. Nesses, o aparente contraste entre a ficção e a realidade se dá de modo mais palpável, mas em qualquer romance do período realista-naturalista ou romântico posso perceber o caráter simbólico da criação e da linguagem.

O entendimento da ficção requer também a compreensão da história lida como um todo. Essa compreensão exige uma prática já um tanto esquecida, mas muito comum no meu tempo de escola: o resumo.

Os resumos me parecem importantes na medida em que, com eles, posso reduzir a narrativa a sua unidade mínima e, com isso, mostrar a simplicidade dos enredos. Chegamos, dessa forma, a diversas conclusões e entre elas a uma descoberta essencial: o que importa na narrativa é o que nos é revelado *durante* o tempo de narração.

Costumo pedir um resumo oral ou por escrito daquilo que leram. Divido os resumos em dois tipos: o resumo de ação (apenas *o que* acontece); e a síntese interpretativa (o que *se quis dizer*). A partir desse exercício, chegamos juntos (meus alunos e eu) às diversas "mensagens" em seus vários níveis (histórico, filosófico, sociológico etc.).

> *O que importa na narrativa é o que nos é revelado **durante** o tempo de narração.*

Depois de esgotada a etapa inicial, relativa ao conteúdo, verificamos como tal ficção se organizou formalmente em função desse conteúdo. Esse é o momento, agora sim, de descobrir se o narrador é ou não onisciente, se o espaço corresponde ao espaço da mensagem, se determinados verbos ou quaisquer elementos pertencentes ao léxico empregado estão sendo usados no sentido de corroborar os núcleos de significação do texto. Fica por conta do conteúdo qualquer explicação de seu nível formal.

Contos e crônicas têm sua abordagem, talvez, mais facilitada porque sua leitura pode ser feita em sala de aula, o que favorece a apreensão de detalhes que, na maior parte das vezes, podem passar despercebidos ou serem simplesmente esquecidos devido ao distanciamento entre a leitura feita em casa e o momento da abordagem.

Estudo os romances procurando apreender-lhes o caráter mais geral, detendo-me depois nos capítulos e em suas relações entre si. A bibliografia crítica pode ser lida pelo aluno, mas essa é uma etapa bastante posterior. Um bom exercício de leitura é comparar textos a partir de suas identidades formais e conteudísticas. Mudar o ponto de vista da narrativa, recontar a história num outro espaço ou construir — num conto cuja ordem de acontecimentos é cronológica — um *flashback* também são exercícios de criação eficazes para a compreensão das estruturas narrativas.

Cabe ainda uma observação sobre a conveniência, ou não, da leitura da bibliografia crítica. Se os ensaios utilizados não forem muito criativos, afastarão os leitores do próprio texto que lhes deu origem. Recomendo sua leitura apenas para os "já iniciados".

POESIA

Chego ao gênero mais problemático e aquele que é menos utilizado nas aulas de língua e literatura, um pouco pelas dificuldades geradas pela escassez de publicações e outro tanto por outro tipo de dificuldade: aquela que a linguagem poética produz por seu caráter plurívoco, multifacetado.

É que, acostumados como estamos a separar o imaginário do real, em nível da linguagem, como venho frisando, fica difícil entender a ambivalência, as metaforizações geradas pelas imagens no poema. Mais difícil se torna, creio, ensiná-las ao aluno que não conhece a linguagem senão como denotação. Por outro lado, parece que é impossível pensar a poesia sem o apoio de um conhecimento técnico que, geralmente, reduz-se à pura periodização histórico-estilística, como se o poema estivesse sempre condicionado a uma situação histórica definida.

É preciso entender, inicialmente, que o poema é, como diz Octavio Paz, feito com palavras, mas, paradoxalmente, suas imagens não são interpretáveis pelas palavras — a imagem no poema é indizível, pois é plurissignificativa. Nela "as plumas leves são pedras pesadas... as pedras são plumas sem deixar de ser pedras..." O pesado é o "leve" para ficar ainda nas noções do crítico mexicano.

Como então aproximar meu aluno da linguagem do poema, se ele se habituou a interpretar o ininterpretável, desconhecendo, portanto, as diferenças básicas entre poesia e prosa?

Creio que introduzir o leitor nessas diferenças fundamentais, que vão nortear toda e qualquer especulação a respeito da linguagem poética, é um método possível: fazer com que ele perceba, como nos diz ainda Octavio Paz, que a coerência interna da prosa é de ordem distinta da coerência poética. Isso os alunos compreenderão pela dificuldade de apreensão, pela opacidade do significado da imagem no poema, contrastando-o com a clareza e a objetividade do texto em prosa: "A prosa não tem margens, nunca se sabe quando, onde e como parar. O poema, não, descreve uma parábola traçada pelo próprio impulso (ritmo): é que nem um grito."

Esse é o depoimento do mestre Mário Quintana. Acrescento ainda: o poema não cabe nos resumos que tanto enfatizo ao tratar da prosa. Nunca sabemos o que ele quer dizer. Podemos supor, conjecturar, jamais afirmar.

Por isso, sou contra questões do tipo: "Diga o que o autor quis dizer com a imagem tal, no verso x" ou "perceba as características x no poema y", exercícios tão comuns nas famosas apostilas dos pré-vestibulares e nas primeiras séries do ensino médio. Sempre me pareceu mais coerente, e mais lógico, optar por captar as sugestões do texto poético e, com isso, estudá-lo em seus mais variados aspectos: ritmo, contenção, imagens, organização interna de acordo com o conteúdo, organização sintática, ludismos, assonâncias e léxico.

Minha experiência com "os recém-iniciados" me diz que é mais seguro começar com poemas mais diretos, simples, sem simplificações. É sempre mais fácil entender:

> Minha mãe cozinhava exatamente:
> arroz, feijão-roxinho, molho de batatinhas
> Mas cantava.
>
> ADÉLIA PRADO

Do que:

> Os cavalos da aurora derrubando pianos
> Avançam furiosamente pelas portas da noite
> Dormem na penumbra antigos santos com os pés
> [feridos
> Dormem relógios e cristais de outro tempo, esqueletos
> [de atrizes
> O poeta calça nuvens bordadas de cabeças gregas...
> MURILO MENDES

Os dois poemas têm uma riqueza imagética e de conteúdo inegáveis, porém um é visivelmente mais complexo, menos transparente ao entendimento devido ao surrealismo das imagens de Murilo Mendes e sua menor precisão em nível interpretativo, embora "precisão" seja uma palavra inadequada quando falamos de poesia.

Ao distinguirmos, como falei antes, o poema da prosa, se faz necessário anotar a sintaxe subordinativa de uma e a sintaxe coordenativa do outro. As imagens no poema, normalmente, se superpõem, conservam certa autonomia; entendemos muito com pouco. Sintaticamente, o poema de Adélia é um belo exemplo disto: temos, de "Minha mãe cozinhava..." até "molho de batatinhas", uma oração coordenada assindética e, a seguir, a sindética adversativa: "Mas cantava."

Um texto é recebido não apenas no plano da inteligência, mas também, e principalmente, no plano da sensibilidade e da imaginação que vem igualmente alimentar. É o que nos fala Jacqueline Held em seu livro O *Imaginário no Poder*: conjugar essas duas coisas, essa dupla percepção, é função de todo aquele que orienta a leitura.

A capacidade do aluno para a leitura de poesia depende, pois, da habilidade com que o sensibilizamos para tal, introduzindo-o no mundo da revelação poética:

> *A capacidade do aluno para a leitura de poesia depende, pois, da habilidade com que o sensibilizamos para tal.*

(...)
Abacaxi Topázio agreste
Cristal-farol
Cada rodela
De tua polpa
Revela o sol.

LUÍS BACELAR

Ensinando-lhe o estado elíptico permanente da imagem no poema, semelhante ao da imagem no cinema: "Entrou pela porta da Igreja, saiu pela porta dos sonhos" (Carlos Drummond de Andrade); "Antes todos os caminhos iam/Agora todos os caminhos vêm..." (Mário Quintana); "O barulho do baque com o barulho do trem" (Adélia Prado).

> Estou limitado ao norte pelos sentidos,
> ao sul pelo medo
> a leste pelo apóstolo são Paulo
> a oeste pela minha educação.
>
> MURILO MENDES

Ou o poder de síntese, sugestão, musicalidade, a história do homem como uma história da relação entre palavra e pensamento, a história do pensamento cuja manifestação mais aproximada é a poesia. É essa percepção que leva o indivíduo a desenvolver o gosto pela leitura do poema.

PRATICANDO A DIVERSIDADE

E vou deixando um pouco de lado essas formulações para chegar à prática. Destacarei, nesse momento, dois contos de autores contemporâneos para a leitura ou prática de leitura proposta. Para maior comodidade e entendimento, as narrativas virão anexadas à análise.

Gostaria de esclarecer que esta é apenas uma entre as muitas estratégias possíveis, dentro da capacidade de entendimento, leitura e criatividade de cada orientador.

Conto: "O Desempenho"

Autor: Rubem Fonseca

Consigo agarrar Rubão, encurralando-o de encontro às cordas. O filho da puta tem base, agarra-se comigo, encosta o rosto no meu rosto para impedir que eu dê cabeçadas na cara dele; estamos abraçados, como dois namorados, quase imóveis — força contra força. O público começa a vaiar. Rubão me dá um pisão no dedo do pé, afrouxo, ele se solta, me dá uma joelhada no estômago; um pontapé no joelho, um tapa na cara. Ouço os gritos. O público está torcendo por ele. Outro bofetão: um esporro danado nas arquibancadas. Não posso dar bola pra isso, não posso dar bola pra isso, não posso dar bola para esses filhos da puta-chupadores. Tento agarrá-lo, mas ele não deixa, ele quer brigar em pé, ele é ágil, a cutelada dele é um coice.

Os cinco minutos mais longos da vida são passados num ringue de vale-tudo. Quando o round acaba, o primeiro de cinco por um de descanso, eu mal aguento chegar ao meu canto. O Príncipe me abana com a toalha, Pedro Vaselina me massageia. Esses putos estão torcendo por ele, não estão? Deixa isso pra lá, diz Pedro Vaselina. Estão, não estão?, insisto. Estão, diz Pedro Vaselina, não sei o que houve, eles sempre torcem pro boa-pinta, mas hoje a escrita não está funcionando. Tento ver as pessoas na arquibancada, filhos da puta, cornos, viados, marafonas, cagões, covardes, chupadores — me dá vontade de tirar o pau pra fora e sacudir na cara deles. Cuidado com ele, quando você der a queda, passa a guarda dele rápido, não fica tentando na ignorância, ele tem base e está inteiro, e você, e você, hein, andou fudendo ontem? Cada vez que ele te acertar um bife nos cornos não fica olhando para a arquibancada como um cu de vaca qualquer, que que há? Tua mãe está lá te olhando? Presta atenção no cara, porra, não tira o olho dele, deixa a torcida pra lá, olho nele, e não se preocupe com a bolachada, não tira pedaço e ele não ganha nada com isso. Quando te deu o último tapa e a turma do poleiro gozou, ele fez tanta firula que parecia uma bicha da Cinelândia. É numa hora dessas que você tem de pegar ele. Paciência, PACIÊNCIA, viu? Poupa energia que você está meio-jogado-fora, diz Pedro Vaselina.

O gongo bate. Estamos no meio do ringue. Rubão faz uma ginga de tórax na minha frente, os pés plantados, movimenta as mãos, esquerda na frente, direita atrás. Fico parado, olhando as mãos dele. Vap! o pontapé me pega na coxa, vou pra cima dele, plaft! uma porrada na cara quase me joga no chão, olho para a arquibancada, o som que vem de lá parece uma chicotada, sou uma besta, que merda, se continuar plaft! dando bola para esses chupadores vou acabar me fudendo em copas plaft! — bloqueia, bloqueia, ouço Pedro Vaselina — minha cara deve estar inchada, sinto uma certa dificuldade em ver com o olho esquerdo — levanto a esquerda — bloqueia! — blam! cacetada canhota me acerta no lado direito dos cornos — bloqueia! a voz de Pedro Vaselina fica fina como a de uma mulher — levanto as duas mãos — bum! o chute me pega na bunda, Rubão gira e de costas me acerta o pé no pescoço — das arquibancadas vem um som de onda do mar quebrando na praia — com um físico desses você vai acabar no cinema, mulheres, morango com creme, automóvel, apartamento, filme em tecnicolor, dinheiro no banco onde é que está? Corro pra cima dele de braços abertos, vum! o balão me estatela — Rubão pula em cima de mim, vai montar! — estou fugindo rastejo cobra minhoca pra debaixo das cordas — o juiz separa — fico deitado flutuando na veia injeção de morfina. Gongo.

Estou no meu corner. Nunca te vi tão mal, no físico e na técnica, fudeu hoje? Anda tomando bolinha? É a primeira vez que um lutador da nossa academia foge por debaixo das cordas, você está mal, que que há contigo? É assim que você quer lutar com o Carlson? Com o Ivã? Você está fazendo papel de ridículo. Deixa ele, diz o Príncipe. Pedro Vaselina: ele vai ser estraçalhado, conforme for a coisa neste round eu vou jogar a toalha. Puxo a cara de Pedro Vaselina para perto da minha, digo cuspindo nos cornos dele, se você jogar a toalha seu puto eu te arrebento, enfio um ferro no teu cu, juro por Deus. O Príncipe joga um monte de água em cima de mim, pra ganhar tempo. Gongo.

Estamos no meio do ringue. Tempo, segundos!, diz o juiz — assim molhado não vai, não faz mais isso não — o Príncipe me enxuga fingindo pressa — segundos, fora! diz o juiz. Novamente no meio do ringue. Estou imóvel. Meu coração saiu da garganta, voltou para o peito, mas ainda bate forte. Rubão ginga. Olho bem o rosto dele, o cara está com a moral, respira pelo nariz sem trincar os dentes, não há um músculo tenso no seu rosto, sujeito apavorado fica com o olhar de cavalo, mas ele está tranquilo, mal se vê o branco do meu olho. Muito rápido, faz uma negaça, ameaça, eu bloqueio, recebo um *pisão no joelho, uma dor horrível, mas ainda bem que foi de cima pra baixo se fosse na horizontal quebrava a minha perna — Zum! o tapa no ouvido me deixa surdo de um lado, com o outro ouvido escuto a corja delirando na arquibancada — o que foi que eu fiz? Eles sempre torceram pra mim, o que foi que eu fiz pra esses escrotos, engolidores de porra plaft, plaft, plaft! ficarem contra mim? — com um físico desses você vai acabar no cinema, Leninha onde é que está você? sua puta — vou recuando bato com as costas nas cordas, Rubão me agarra — no chão! guincha Pedro Vaselina — eu ainda estou bloqueando e já é tarde: Rubão me dá uma joelhada no estômago, se afasta; pela primeira vez fica imóvel, a uns dois metros de distância, me olhando, deve estar pensando em partir para uma finalização — estou zonzo, mas ele é cauteloso, quer ter certeza, sabe que no chão eu sou melhor e por isso não quer se arriscar, quer me cansar primeiro, não vai no escuro — sinto uma vontade doida de baixar os braços, meus olhos ardem de suor, não consigo engolir a gosma branca agarrada na minha língua — levanto o braço, armo uma cutelada, ameaço — ele não se mexe — dou um passo à frente — ele não se mexe — dou outro passo à frente — ele dá um passo à frente — nós dois damos um lento passo à frente e nos abraçamos — o suor do corpo dele me faz sentir o suor do meu corpo — a dureza dos músculos dele me faz sentir a dureza dos meus músculos — o sopro da respiração dele me faz sentir o sopro da minha respiração — Rubão me abraça sob os meus braços — eu tento uma gravata — ele coloca a perna direita por trás da minha perna direita, tenta me derrubar — minhas últimas forças — Leninha, coitada — o cara vai me derrubar —*

tento me agarrar nas cordas como um escroto arreglador — o tempo não anda — eu queria lutar no chão, agora quero ir para casa — Leninha — caio de costas, giro antes da montanha dele — Rubão me pega na gravata, me imobiliza — tum, tum, tum! três joelhadas seguidas na boca e no nariz — gongo — Rubão vai para o seu canto debaixo de aplausos.

Pedro Vaselina não diz uma palavra, com rosto triste de segundo de perdedor. É fogo, meu chapa, diz o Príncipe limpando o meu suor. É foda, respondo, um dente balança na minha boca, preso apenas na gengiva. Meto a mão, arranco o dente com raiva e jogo na direção dos chupadores. Todos vaiam. Não faz isso não, diz Pedro Vaselina dando água para eu bochechar, não adianta provocar. Cuspo fora do bal de a água vermelha de sangue, pra ver se cai em cima de algum chupador. Gongo. Ao centro, diz o juiz.

Rubão está inteirinho, eu estou podre. Nem sei em que round estamos. É o último? Último ou penúltimo, Rubão vai querer me liquidar agora. Parto para cima dele para ver se acerto uma cabeçada no seu rosto — Rubão se desvia, me segura entre as pernas, me joga fora do ringue — os chupadores deliram — tenho vontade de ir embora — se fosse valente ia embora, de calção mesmo — pra onde! — o juiz está contando — ir embora — há sempre um juiz contando automóvel, apartamento, mulheres, dinheiro — sempre um juiz — pulley de oitenta quilos, rosca de quarenta, vida dura — Rubão está me esperando, o juiz está com a mão no peito dele, para que não me ataque no momento em que estiver voltando — estou mesmo fudido — me curvo, entro no ringue — ao centro, diz o juiz — Rubão me agarra, me derruba — rolamos pela lona, ele fica preso na minha guarda entre as minhas pernas com a cara no meu pau — ficamos algum tempo assim, descansando — Rubão projeta o corpo para a frente e acerta uma cabeçada no meu rosto — sangue enche a minha boca de um gosto doce enjoado — bato com as duas mãos espalmadas nos seus ouvidos, Rubão desce um pouco o corpo — subitamente ele ultrapassa a minha perna esquerda numa montada parcial — estou fudido, se ele completar a montada estou fudido e mal pago, fudido e trumbicado, fudido e estraçalhado, fudido e acabado — ele faz uma pequena parada antes de tentar a montada definitivamente — fudido, fudido! — dou uma virada forte, rolamos pela lona, paramos, puta que pariu! comigo montado-montada-completa em cima dele, puta que pariu! meus joelhos no chão, o tórax dele entre as minhas pernas imobilizado — montei! puta que pariu! montei! — alegria, alegria, vento quente de ódio da corja que ria de me ver apanhando na cara — canalha de chupadores putos escrotos covardes — golpeio a cara de Rubão bem em cima do nariz, um, dois, três — agora na boca — de novo no nariz — pau, cacete, porrada — sinto o osso quebrando — Rubão levanta os braços para tentar impedir os golpes, sangue começa a brotar de toda a sua cara, da boca, do nariz, dos olhos, dos ouvidos, da pele — a chave de braço, a chave de braço! grita Pedro Vaselina, enfiando a cabeça por baixo das cordas — é fácil dar uma chave de braço numa montada, pra se defender, quem está em baixo tem que botar os braços pra cima, basta cair para um dos lados com o braço dele entre as pernas, o sujeito é obrigado a bater na lona — um silêncio de morte no estádio — a chave de braço! grita o Príncipe — Rubão me oferece o braço para acabar com o sofrimento, para ele poder bater no chão desistindo, desistir na chave é digno, desistir debaixo de pau é vergonhoso — os chupadores e putas fizeram silêncio, gritem! — a cara de Rubão é uma pasta vermelha, gritem! — Rubão fecha os olhos, cobre o rosto com as mãos — homem montado não pede penico — Rubão deve estar rezando para desmaiar e acabar tudo, já viu que eu não vou lhe dar a chave da misericórdia — corja — minhas mãos doem, bato nele com os cotovelos — o juiz se ajoelha, Rubão desmaiou, o juiz me tira de cima dele — no meio do ringue o juiz levanta meus braços — as luzes estão acesas, de pé, nas arquibancadas, homens e mulheres aplaudem e gritam o meu nome — levanto os braços bem no alto — dou pulos de alegria — os aplausos aumentam — dou saltos — aplausos cada vez mais fortes — olho comovido a arquibancada cheia de admiradores e curvo-me enviando beijos para os quatro cantos do estádio.

≈

Esse conto pertence ao livro *Lúcia MacCartney*, de Rubem Fonseca, e é uma espécie de prólogo, tônica geral das narrativas que o seguem.

Após a leitura em conjunto com os alunos passamos aos resumos:

1) O que acontece na história (resumo de ação).
2) O que o texto sugere — de modo geral — com essa ação (conteúdo geral).

As sínteses possíveis são muitas e diversificadas, porém o eixo central da ação não nos desvia muito do caminho a tomar: narração de uma luta em que o personagem-centro (o pugilista, de quem não sabemos o nome) inicia perdendo e, no último *round*, vence o adversário.

É simples estabelecer essa unidade mínima inicial sobre a qual se constroem todas as ações do texto. A percepção "estrutural" num momento de generalidades nos ajuda e muito: é sobre a dicotomia ganhar/perder que a história se estrutura. Não se trata de simplificar, mas de dar a perceber que as narrativas são aglutinantes, como afirma Julio Cortázar em seu depoimento sobre a significação e a construção do conto, de uma "realidade muito mais vasta que a do seu mero argumento, e por isso influem em nós com uma força que nos faria suspeitar da modéstia de seu conteúdo e da aparente brevidade de seu texto".

Vejamos: nesse conto de Rubem Fonseca, caracteriza-se uma situação de inversão em que o vencido acaba sendo vencedor. A partir dessa inversão posso (ou podemos) perceber outras "mensagens" sugeridas:

a) Em todas as situações nos deparamos com a dinâmica existencial verso-reverso, cara e coroa. O oprimido não é sempre oprimido, o vencedor, idem;

b) Psicologicamente, o mundo se transforma para o personagem, e em questão de minutos a plateia de putos, cornos, viados, marafonas, cagões e chupadores se transforma numa arquibancada cheia de admiradores para a qual ele olha comovido e curva-se, enviando beijos;

c) Assistimos não só ao desempenho físico dos lutado res, mas a outros: de um lado uma plateia que reconhece apenas os vencedores, de outro, os vencidos que nela reconhecem apenas inimigos. O sonho proletário (ou classe média) da obtenção do prazer material por meio de um esforço muscular e moral;

d) No plano linguístico, a luta corporal assume, frequentemente, foro de luta sexual. Basta que observemos certas passagens. Vejamos algumas: "(...) estamos abraçados, como dois namorados (...)"; "(...) vou pra cima dele, plaf! uma porrada na cara (...) vou acabar me fudendo em copas (...)"; "(...) corro pra cima dele de braços abertos (...)"; "(...) levanto o braço, armo uma cutelada, ameaço — ele não se mexe — dou outro passo à frente — ele dá um passo à frente — nós dois damos um lento passo à frente e nos abraçamos — o suor do corpo dele me faz sentir o suor do meu corpo — a dureza dos músculos dele me faz sentir a dureza dos meus músculos — o sopro da respiração dele me faz sentir o sopro da minha respiração — Rubão me abraça sob os meus braços (...)"

E mais: "Pedro Vaselina não diz uma palavra, com rosto triste de segundo de perdedor. É fogo, meu chapa, diz o Príncipe limpando meu suor. É foda, respondo (...)"

A violência se transforma, pela linguagem, em erotismo. Amor e ódio se confundem. Situação violentamente amorosa?

e) Podemos prosseguir analisando o desempenho invertido dos personagens e suas funções no ringue a partir de seus nomes: o Príncipe abana o vencido com uma toalha, limpa seu suor, joga-lhe água — serve; Pedro Vaselina massageia-o, acalma-o; Rubão, o forte, musculoso, sanguíneo, vence-o nos dois primeiros *rounds*; Leninha (o lenitivo?) salva-o desse erotismo homossexual: "Ele coloca a perna direita por trás da minha perna direita, tenta me derrubar — minhas últimas forças — Leninha coitada — o cara vai me derrubar.";

f) Na esfera estrutural da narrativa, a violência da luta nos é oferecida, muitas vezes, pelas onomatopeias que o fluxo de consciência do personagem e seu físico captam: plaft! zum! tum, tum, tum! vap!;

g) A luta dura pouco, mas o tempo da narrativa não importa. Um segundo no universo da criação pode alcançar a extensão de vários romances. Rubem Fonseca cria um narrador que conta a luta com intensidade e violência, com tensão, ganha por nocaute, expressão usada ainda por Julio Cortázar, em seus artigos críticos;

h) Em uma terceira ou quarta leitura de "O Desempenho", percebemos que essa tensão estrutura-se por longos parágrafos, constituídos de períodos curtos. Percebe-se aí, sonoramente, um contexto completo. Muitas vezes, frases onomatopaicas são usadas: "Plaft!"

Outras constatações são possíveis dentro dessa narrativa:

a) O texto, ao narrar uma luta, assume integralmente a forma de uma luta, o que, teoricamente, chamamos de isomorfia textual. Ou seja:

forma e *conteúdo* se correspondem. Ou ainda: a forma serve ao conteúdo luta;

b) O estilo, as propostas estéticas de Rubem Fonseca (qual o papel do escritor, do pugilista, do artista?); o que é um texto revolucionário?

c) Opor a construção dessa narrativa à construção das narrativas tradicionais.

Outras especulações são possíveis:

a) Pode-se concluir, com um exercício de criação literária, como, por exemplo, mudar o ponto de vista da narrativa, contar a luta como espectador, como Rubão ou qualquer outro personagem. Pesquisar outras formas que a violência assume em outros contextos, modificando o espaço, a situação etc.;

b) Toda a análise dependerá, é claro, do grau de desenvolvimento dos alunos, sua lentidão ou rapidez na apreensão dos vários aspectos de construção e significação das leituras. O importante é deixar o aluno falar e, com o auxílio do orientador, o texto falará ainda mais.

Conto: "História Porto-alegrense"

Autor: Moacyr Scliar

Não penses que eu estou reclamando, não. Estou só contando a verdade e contar a verdade não pode fazer mal a ninguém. E a verdade é que a porto-alegrense sou eu; o orgulhoso és tu, mas a porto-alegrense sou eu. Eu já morava nesta cidade quando tu apareceste, o altivo filho de um fazendeiro da fronteira. Faz tempo isto, não é? Petrópolis nem existia, Três Figueiras era mato. Os bondes eram poucos... Te lembras dos bondes? Bem. Eu era a modesta caixerinha de um armarinho da Cidade Baixa. Tu, o garboso estudante que varava as madrugadas no Café Central ou no Alto da Bronze, declamando em voz alta os teus poemas. Tu eras o rapaz rico que vinha à loja onde eu trabalhava, trazendo imensos buquês de rosas.

Foi um escândalo, te lembras? O que se cochichava na Rua da Praia! É que desfilavas de braços comigo, desde a Praça da Alfândega até a Igreja da Conceição. Eu nem gostava desses passeios, mas tu ias de cabeça alta, desafiador — enquanto as senhoras e os cavalheiros nos olhavam, escandalizados. Se escandalizavam? Foste mais longe: alugaste para mim uma casa no Menino Deus. E que casa! O antigo palacete de um barão, situado no meio de um verdadeiro parque, com árvores, e estátuas, e um lago com peixinhos vermelhos. Me instalaste ali porque eu era, dizias, a tua rainha; e de fato, como rainha eu vivia, com criados à disposição e até um carro — um dos primeiros automóveis de Porto Alegre, te lembras? Um Edsel. Teu pai pagava tudo. Teu pai, o rico fazendeiro, achava que o filho tinha direitos de macho, não importava o que dissessem. Ou o que custasse. Pagava tudo.

E eu? Bem, eu gostava de ti. Gostava mesmo. Por tua causa, saí da casa de meus pais, na Cidade Baixa, e fui morar no palacete como uma cortesã. Mas eu gostava de ti, esta era a verdade.

Teus parentes — ricos fazendeiros como o teu pai, mas fazendeiros da cidade, dos Moinhos de Vento — deixaram de te convidar para festas. O que te irritou mais ainda. Te vingaste, alugando uma casa nos Moinhos de Vento, no reduto dos inimigos. Nos instalaste lá, eu e todos os empregados (só despediste a cozinheira, porque achavas que eu cozinhava melhor do que ela). Vinhas seguido. Não querias morar comigo, porque preferias a tua liberdade, mas vinhas seguido.

Moinhos de Vento... Lindo bairro, de casas finas. Teus parentes estavam furiosos; não te cumprimentavam. Se te encontravam na rua, viravam a cara.

Menos a tua prima, a Rosa Maria. Ela te olhava de esguelha, piscava o olho, travessa que era... Tu sorrias. Vocês se trocavam bilhetinhos. Pensas que eu não sabia? Eu sabia.

Mas gostava de ti, esta é que era a verdade. E gostava da casa dos Moinhos de Vento. Um paraíso.

Um paraíso que durou pouco... Decidiste que eu deveria me mudar. Gostavas da casa, e a querias para ti, de modo que tive de sair. Fui para uma casa em

Petrópolis. Comigo foram a empregada e o motorista que era também uma espécie de guarda. O jardineiro foi dispensado, porque a casa não tinha jardim; era uma casa relativamente modesta; e depois, para que jardim, era o que perguntavas, e ponderavas: jardim só dá trabalho. Eu gostava de jardim, mas não te respondi nada. Porque gostava de ti.

Casaste com a tua prima Rosa Maria e assumiste um cargo na direção da firma do pai dela. E aí começaste a aparecer cada vez menos; a vida de um homem de negócios é muito atarefada, dizias. Eu concordava, me lembrando da loja de armarinho.

A cidade progredia e a essa altura eu já não tinha mais motorista, porque Petrópolis contava — me disseste entusiasmado — com transporte abundante, digno de uma cidade moderna: bondes, ônibus.

Petrópolis era realmente um bairro bom, mas com o passar dos anos começou a apresentar inconvenientes. Muitos de teus amigos — médicos, advogados, homens de negócio — moravam ali, além disto, a escola de balé que tuas filhas — duas garotinhas encantadoras — frequentavam, também era em Petrópolis... Decidiste que eu deveria me mudar.

Me mandaste para Três Figueiras, um lugar que já não era mato, mas que ainda estava pouco povoado. Me instalaste numa casinha simpática. De madeira, mas muito simpática. Chovia dentro, mas eu não te incomodaria me queixando desses pequenos problemas. Vinhas me ver tão pouco que não era justo. Realmente não era justo. E a casa não era feia. Eu me distraía com as lides domésticas — a essa altura já não tinha mais empregada. (Para que empregada, numa casa pequena? — perguntaste, e estavas com a razão. Realmente, estavas com a razão.)

Uns anos depois — me lembro muito bem, porque já estava costurando para fora — começaram a aparecer as primeiras casas elegantes nas Três Figueiras. Casas bonitas, as fachadas com pedra decorativa... Achaste que eu deveria me mudar para a Vila Jardim. Um pouco mais afastado, disseste, e tinhas razão; um verdadeiro jardim, disseste, o jardim que te faltava. É verdade que a casa não tinha água nem luz; mas eu não queria te incomodar. Passavas por uma fase de profunda depressão, de angústia existencial. Que é o dinheiro? — me perguntavas. Estávamos os dois com sessenta anos. Qual o sentido da vida? — teus olhos cheios de lágrimas. Eu, quase sem dentes, pensava numa dentadura nova, mas não ousava te pedir nada.

Me disseste para sair da Vila Jardim. O bairro estava ficando muito conhecido, poderiam te ver por lá. Me mandaste morar numa espécie de casa-barco que estava atracada no Guaíba, num lugar deserto, perto do Porto das Pombas. Interessante a casa-barco. Mais barco do que casa; esta, na verdade, era uma simples cabina de madeira coberta com uma lona.

Sacudida pelos temporais de inverno eu te esperava. Em um ano vieste só uma vez, no dia do teu aniversário. Estavas muito deprimido: Rosa Maria tinha morrido, tuas filhas não queriam saber mais de ti, só pensavam em viagens para a Europa. Procuravas as respostas para as grandes questões da vida no zen-budismo. Dizias que deveríamos mergulhar no nada. Eu olhava para a água que entrava no barco e concordava.

Um dia recebi um bilhete teu — trouxe-o o teu motorista, aliás o nosso antigo motorista... Dizias, numa letra muito trêmula, que a vida não tinha mais sentido para ti; que eu deveria soltar as amarras do barco e deixar que as correntes do Guaíba me levassem ao sabor do destino.

Pela primeira vez pensei em não te obedecer. É que eu gosto demais desta cidade, desta Porto Alegre que só avisto de longe e que mal reconheço. Me lembro que gritei, não! Não vou abandonar a minha cidade! E aí resolvi te escrever, lembrando toda a nossa história e te pedindo para voltares atrás em tua ordem.

Espero que recebas esta carta. É que estou escrevendo já do meio do rio — e é a primeira vez que mando uma carta numa garrafa jogada às águas. Mas espero que a recebas e que ela te encontre gozando saúde junto aos teus, nessa linda cidade de Porto Alegre.

≈

Esse texto encontra-se no volume *O Anão no Televisor* e é uma espécie de conto-carta. O resumo da ação nos fala da carta de uma mulher a seu ex-amante, na qual recorda toda a sua história. O resumo de conteúdo narra a trajetória existencial de uma vendedora de armarinho desde o momento em que, jovem e bonita, torna-se amante do filho de um rico fazendeiro da região, até sua velhice quando, depois de ter vivido nas mais suntuosas mansões da capital gaúcha (Porto Alegre), termina sua vida instalada numa espécie de casa-barco, às margens do rio Guaíba.

A estratégia de abordagem desse conto assemelha-se àquela que utilizei quando da análise do texto de Rubem Fonseca, ou seja, após uma leitura e tentativa de síntese orais, seguem-se outras especulações:

a) As questões relativas à condição feminina (ascensão/queda, juventude/velhice, situações sociais que condicionam o relacionamento entre ela e seu amante, entre um homem e uma mulher). São questionados, nessa etapa, o machismo, o utilitarismo, a submissão da personagem (o que salta a nossos olhos em termos de conteúdo, enfim);

b) Estabelecidas essas relações, estrutura-se o significado mais geral da narrativa: ascensão e queda da personagem. Com base nisso, partimos para as causas determinantes dessa dicotomia:

- Condição social e cultural inferior da mulher que a leva a submeter-se àquela situação e tornar-se objeto nas mãos do homem;

- A condição econômica superior desse homem que praticamente compra-a quando jovem, instalando-a em palacetes nos bairros mais caros e elegantes da cidade.

- A justificativa para a ascensão e queda da mulher e também para sua submissão é o amor. É em nome disso que ela propõe-se como objeto, e os verbos que ela mesma usa ao se referir às modificações introduzidas pelo amante em sua vida são determinantes disso: "É que *desfilavas* de braços comigo, desde a Praça da Alfândega até a Igreja da Conceição." "Foste mais longe: *alugaste* para mim uma casa no Menino Deus." "Me *instalaste* ali porque eu era, dizias, a tua rainha (...)" "Te *vingaste*, alugando uma casa nos Moinhos de Vento (...)" "*Decidiste* que eu deveria me mudar." "Me *mandaste* para Três Figueiras..." (Grifos meus.);

- No que diz respeito à estrutura do texto, temos uma técnica de narrar que se caracteriza por sua gradação descendente: à medida que tempo e espaço evoluem, a personagem evolui ou involui. Os bairros crescem em importância e ela e sua juventude vão sendo arrastadas para a periferia da cidade;

Os nomes dos bairros de onde ascende e, após, descende, acompanham sua trajetória: no início ela mora na Cidade Baixa — e as mudanças se processam a partir daí. Seguem-se Menino Deus e Moinhos de Vento. Depois daí, descende para Petrópolis, Três Figueiras, Vila Jardim e, por fim, a casa-barco que, segundo a personagem, era "mais barco do que casa";

Enfim, na medida de sua ascensão em importância, beleza e juventude, vão-lhe sendo acrescentadas coisas, objetos materiais: "Eu era, dizias, a tua rainha (...)" E lhe são retirados aos poucos: jardim, jardineiro ("jardim só dá trabalho"), cozinheira ("só despediste a cozinheira, porque achavas que eu cozinhava melhor do que ela"), motorista ("Petrópolis contava — me disseste entusiasmado — com transporte abundante"). O homem que, de início, desfilava com ela pelas ruas de Porto Alegre, tenta mais tarde escondê-la em lugares pouco conhecidos ("o bairro estava ficando muito conhecido, poderiam te ver por lá"). Os danos, como vemos, não são apenas materiais.

É curioso observar com os alunos como a idade e a ausência de beleza física vão acentuando as diferenças culturais entre os dois: "(...) a vida de um homem de negócios é muito atarefada, dizias. Eu concordava, me lembrando da loja de armarinho."

> (...) Passavas por uma fase de profunda depressão, de angústia existencial. Que é o dinheiro? — me perguntavas. Estávamos os dois com sessenta anos. Qual o sentido da vida? — teus olhos cheios de lá-

grimas. Eu, quase sem dentes, pensava numa dentadura nova — mas não ousava te pedir nada.

"(...) Procuravas respostas para as grandes questões da vida no zen-budismo. Dizias que deveríamos mergulhar no nada. Eu olhava para a água que entrava no barco e concordava."

À parte essas irônicas contrafações, temos ainda muito a explorar em "História porto-alegrense":

    a) O registro coloquial em que é narrado;

    b) A forma "carta" como modo de atualizar o passado sempre, assemelhando-se a um álbum de retratos;

    c) O tratamento (segunda pessoa) pelo qual se expressa a personagem, característico de alguns estados do país;

    d) De algum modo, demonstrar que a evolução ou involução da personagem acompanha a história da cidade, cujos bairros crescem à medida das modificações existenciais ocorridas com os protagonistas. Seu propósito de contar a verdade também inclui a verdade sobre a história da urbanização de Porto Alegre, cidade que é também uma espécie de protagonista daquela situação: uma história nada alegre.

Outras especulações teriam espaço, fosse este um trabalho apenas de análise literária. Mas acho imprescindível considerar que essa é uma história de Cinderela ao contrário e, ainda que nenhuma magia ocorra (pois aqui a fada madrinha só a protege quando jovem), não deixamos de encontrar certo clima dos fabulosos contos sobre a ilha do tesouro: quando lemos, não deixamos nunca de retirar essa carta, ou esse mapa, de uma garrafa jogada às águas. Ou das páginas-águas do próprio livro de Moacyr Scliar, *O Anão no Televisor*.

Uma última etapa ainda é possível para que o ciclo se complete: a criação de um texto que pode ser opinativo, ficcional, sobre a situação descrita por Moacyr Scliar, por seu narrador, aliás. Escrever uma carta-resposta pode ser estimulante de novas interpretações para o texto lido. Filmar, gravar a carta, fotografar episódios, ou transformá-la numa comédia são atividades que, de certa forma, obrigam a uma releitura e, consequentemente, a maior reflexão sobre o *mapa do tesouro encontrado*.

Poema: "Um Silêncio"

Autora: Adélia Prado

*Ela descalçou os chinelos e os arrumou juntinhos
antes de pôr a cabeça nos trilhos
em cima do pontilhão,
debaixo do qual passava um veio d'água
que as lavadeiras amavam.*

*O barulho do baque com o barulho do trem.
Foi só quando a água principiou a tingir
a roupa branca que dona Dica enxaguava
que ela deu o alarme
da coisa horrível caída perto de si.
Eu cheguei mais tarde e assim vi para sempre:
a cabeleira preta,
um rosto delicado
do pescoço a água nascendo ainda alaranjada,
os olhos belamente fechados.
O cantor das multidões cantava no rádio:
"Aço frio de um punhal foi teu adeus para mim."*

O poema, factual, pois, de certo modo, conta um episódio trágico, produz emoção e estranhamento. Emoção desde seu tema (suicídio por amor?) e estranhamento por sua linguagem, que se situa a meio caminho do discurso. Primeiras constatações:

a) O acontecimento se assemelha àqueles fatos que originam manchetes de jornal.

b) Partindo dessa premissa, tentamos uma reconstrução da história "contada", o que logo verificamos ser impossível dada a imprecisão característica da linguagem poética — o que nos remete diretamente às distinções entre prosa e poesia. O que, afinal, distingue o texto como poema se ele, de certa forma, responde às questões estruturais básicas do narrar (o que/quem/onde/como/quando etc.)? Constatamos que, em seu nível formal, apesar do discurso, nenhuma das perguntas é respondida de modo preciso: "Ela *descalçou* os chinelos (o ser anônimo) (...) antes de pôr a cabeça *nos* trilhos" (o lugar anônimo) etc. (grifos meus);

c) Detalhes desnecessários aos objetivos da linguagem poética desaparecem para dar lugar à "coisa", à apresentação do fato de modo que o leitor tenha presente o momento evocado;

d) O uso do diminutivo, a presença do que é indispensável à compreensão, à reflexão, à emoção, o narrar elíptico sempre — sugestão — o atributo-mor do poema: "O barulho do baque com o barulho do trem." O fato é apresentado apenas. Para que dizer mais?

e) Por oposição à prosa, observamos a concisão desse contar. O factual narrado, ou melhor, apresentado como um quadro cubista. Descemos ao nível da adjetivação, que, aqui, constrói o poético: "(...) e os *arrumou juntinhos*"; "da coisa *horrível* caída perto de si", "um rosto *delicado*"; "do pescoço a água nascendo ainda *alaranjada*"; "os olhos *belamente* fechados" (grifos meus);

f) O único elemento *institucionalmente* poético fica por conta das eternas metáforas do cantor das multidões (*aço frio* etc.) que, ao mesmo tempo, sugere a razão do suicídio, bem como dá ao ocorrido sua dimensão humana e universal;

g) Se possível, ordenamos as ações todas superpostas: descalçou; arrumou; pôs a cabeça; passava um veio d'água etc.;

h) E o ainda institucional silêncio do título. O "eu lírico" passeando pela tragicidade do que é contado: "(...) e assim vi para sempre".

Esse poema de Adélia Prado pode ser trabalhado de modo mais objetivo. Podemos pedir ao aluno que o transforme em notícia de jornal para, comparativamente, aprender o que lhe falta para chegar a ser prosa: descrição objetiva e detalhada dos fatos, ausência de ritmo poético, música de prosa — a música horizontal do contar sem a necessidade de que o narrado o seja "para sempre".

Poemas de outros autores, poemas de situação poderiam ser estudados juntamente com esse texto de Adélia Prado. Os leitores teriam, assim, uma noção mais precisa daquilo que chamamos *discursividade* em poesia e do tipo de discursividade contida no poema contemporâneo. Poemas com estrutura rítmica mais tradicional também podem ser lidos e explicados comparativamente. Como este, de Manuel Bandeira, no qual o poeta nos sugere exatamente um silêncio oposto, um contar oposto ao do texto estudado.

Nesse poema de Manuel Bandeira, não podemos negar que nos "contam" alguma coisa. Se compararmos os dois textos, verificamos que um deles nos remete à pura música ("Debussy") e o outro à canção mais trágica do silêncio. Os dois poemas se assemelham por seu aparente "contar conciso", só que o grau de sugestão em um é maior que em outro.

Poema: "Debussy"

Autor: Manuel Bandeira

Para cá, para lá...
Para cá, para lá...
Um novelozinho de linha...
Para cá, para lá...
Para cá, para lá...
Oscila no ar pela mão de uma criança
(Vem e vai...)
Que delicadamente e quase a adormecer o balança
Psio... —
Para cá, para lá...
Para cá e...
O novelozinho caiu.

O que nos sugere/conta o poema de Adélia? A gravidade de um silêncio. E o de Manuel Bandeira? Imprecisamente falando, podemos dizer que se forma em "Debussy" um quadro cujo componente musical nos remete à delicadeza da vida infantil: uma criança a balançar um novelo de linha que cai (a criança adormeceu?).

As diferenças se estabelecem a partir, inclusive, daquilo que chamamos de estrato ótico (aproveitamento espacial) dos poemas, obviamente a serviço de um estrato fônico (ritmo interno, musicalidade). Um "narrar" mais horizontal e linear aparece no texto de Adélia Prado. A utilização do espaço em branco da página, em Bandeira, existe para que as pausas desse balanço ecoem mais alto, signifiquem mais estas quase onomatopeias do movimento, refrão do texto: "Para cá, para lá.../Para cá, para lá..."

Quase enxergamos o novelo de linha (novelozinho; o diminutivo aí usado, clara analogia ao tamanho da mão de uma criança). Tudo é e não é ação: "*Oscila no ar/ (Vem e vai...)*." E o advérbio de modo referente ao segurar sonolento: "Que delicadamente (...)"

Mais sons — assonâncias dentro desse quadro quase verbal: oscila — criança — adormecer — balança. Tudo se transforma e ecoa: "— Psio... — / (...) /Para cá e.../ — O novelozinho caiu."

Ponto final. A criança adormeceu? Acordou? A música cessa. O destaque fica com o último verso-resumo de toda a ação e suas reticências. Verso que apresenta todos os elementos sintáticos no lugar (sujeito/predicado, este expresso pelo verbo intransitivo cair).

E Debussy? Por que o nome? Quem foi? Essa é outra e a mesma história... Informar.

Evidentemente, o estudo dependerá, como já disse anteriormente, do grau de maturidade dos alunos, das questões levantadas por eles e do grau de informação do orientador.

Mas lembro-me de outras formas de exploração desses poemas:

> » O que é música/ritmo, no texto poético.
> » O que é linguagem jornalística.
> » O que é poema em prosa ou prosa poética.
> » O que chamamos de objetividade ou subjetividade em literatura.
> » Ao comparar o poema com um quadro cubista, estudar a linguagem e a comunicação pictóricas, e sua semelhança com a linguagem sintética do poema. Informar sobre o movimento cubista.

LEITURA DA LITERATURA INFANTIL

CONSIDERAÇÕES GERAIS

Nas duas últimas décadas, a necessidade de iniciar as crianças no mundo da literatura de modo menos ranzinza do que até então era feito, chamou a atenção dos educadores em geral. Quando digo ranzinza, é óbvio que me refiro àquelas ancestrais cobranças de leitura de livros por meio de provas mensais ou análises que se limitavam ao ensino da sintaxe (quantos de nós aprendemos *apenas* análise sintática lendo Camões!) ou de qualquer elemento que parecia estar, de modo geral, presente em todas as ficções (espaço, classificação de personagens e de narrador etc.). O pior de tudo é que essas supostas leituras ou análises de texto tinham o objetivo de verificar se a criança havia lido o livro todo (assim como verificamos, pela manhã, se ela escovou ou não os dentes). Eis aí uma bela forma de transformar a cultura, como nos diria Marilena Chaui, no *Guia*

Prático de Intimidação Social. Ignorava-se a criança como ser social, sujeito, como tal, às inflexões do meio histórico (classe social, cor, faixa etária etc.).

Mas essa visão adulterada que se tinha da criança como ser dependente e, portanto, subordinada, minguou cada dia mais. Descobriram o mundo infantil nos últimos 20 anos e, por pressão de uma propaganda maciça (que atende aos objetivos do sistema capitalista no qual estamos, infelizmente, imersos), hoje qualquer professor médio não desconhece a importância da iniciação literária mais criativa, mais viva, na escola. Essa concepção moderna do ensino atende às solicitações de um contexto e tem uma estranha competidora: a televisão, que, em vez de matar, digamos assim, a vontade de ler, deveria funcionar como estímulo à leitura, de vários modos. O computador está aí e é para nos auxiliar: basta saber como dosar sua interferência na formação da informação.

É preciso observar que todo esse movimento pró-leitura do fim do século XX e início do XXI ainda alcança apenas uma parcela quase inexpressiva da população, pois, a outra, a parcela carente, que é a maior, até hoje enfrenta inúmeras dificuldades para concretizar minimamente as aspirações pedagógicas dos professores, que são: informar, despertar o senso crítico e a criatividade dos alunos.

Conforme Edmir Perrotti, o educador conservador (e penso que muitos dos supostamente progressistas), julga a criança (e o jovem) com as premissas do sistema dominante, considerando-a como ser dependente, sem vontade própria e que, por essa razão, deve ser colocada à margem de seus direitos de ser político. Partindo dessa premissa, cava-se uma brecha que estabelece imensas distinções entre atividade artística para adultos e atividade artística para crianças, incluindo-se aí a leitura.

Minha prática escolar inicial (de quando lecionei em escolas de ensino fundamental), bem como minha prática de criadora (escrevendo, publicando e comparecendo a palestras em escolas de público mirim), demonstrou-me que não há diferença entre o ensino de leitura para adultos e esse mesmo ensino para o público infantil. Com essa prática reafirmei minhas convicções de que:

Não há diferença entre o ensino de leitura para adultos e esse mesmo ensino para o público infantil.

a) É possível despertar a criança para a leitura do mesmo modo como vinha fazendo com o público adulto;

b) Não há temas necessariamente infantis, tudo depende do modo como introduzimos a criança nos conteúdos e dos exercícios de descobertas aplicados;

c) Mais que o adulto, a criança percebe os textos como ludismo. Há necessidade de explorar essa percepção ao máximo e libertar seu imaginário;

d) A aparente oposição entre imaginário e linguagem no mundo infantil existe em grau muito menor.

Pude constatar, ainda, que nossos professores adotam os livros e não sabem como trabalhá-los, caindo a leitura, assim, no vazio das descobertas previsíveis das fichas de leituras que, em geral, acompanham os livros.

Essas descobertas aparentemente simples e óbvias foram constatadas *in loco* e alimentaram por longo tempo minha decisão de escrever sobre o assunto, o que, de alguma forma, exponho quando falo (teoricamente?) de leitura, em um capítulo anterior.

A prática nos dirá. Escolhi uma autora que muito prezo, Ruth Rocha, da qual, não por acaso, transcrevi declarações sobre a função da leitura nas escolas.

É com *Marcelo Marmelo Martelo* que inicio. O texto me conduz, e aos meninos, imediatamente, a seu caráter mais geral: à história da linguagem. Ou à história de um menino que não suportava as leis da linguagem. Este pequeno conto atrai a partir de seu título: uma espécie de trava-línguas que é a própria configuração do texto que o segue.

A primeira etapa da abordagem diz respeito ao resumo, assim descrito:

a) História de um menino que inventou uma linguagem nova (novas palavras de acordo com uma lógica fonética e/ou estética);

b) História de um menino que queria saber ou se informar sobre tudo e acaba inventando um novo jeito de se expressar.

Essas são algumas respostas obtidas. A partir dessas constatações surgem diversas curiosidades:

> » É possível inventar outra língua, trocando o nome das coisas?
>
> » E se isso ocorrer, se cada pessoa nomear da forma que mais lhe agrada os objetos e os seres, o que acontecerá?
>
> » Que lógica poderia reger essa nomeação?

Curiosidades como essas suscitam uma infinidade de outras, como o que é língua, linguagem, qual sua importância, o que significa ser brasileiro, inglês ou possuir outra nacionalidade qualquer? Por que, num país, é necessário que todos se entendam?

A cada uma dessas questões que o texto suscita, existem respostas que podem ser mais ou menos aprofundadas e transformadas em motivos de informação.

Há certas brincadeiras bastante eficientes para que se dê o entendimento dessas questões:

a) Nomear os objetos da sala de acordo com sua semelhança física e nomear os colegas, desse modo treinando a capacidade de invenção linguística da turma;

b) Colher, por escrito ou oralmente, as impressões da turma sobre o exercício de livre nomeação;

c) Escolher dois alunos para saírem da sala enquanto a turma se reúne e inventa um código de comunicação próprio. Logo após, os alunos são chamados, constatando-se desse modo que, inclusive em pequenos grupos, há impossibilidade de comunicação quando se desconhece a língua utilizada pelo grupo social.

Essas foram somente abordagens conteudísticas. No que diz respeito à construção da narrativa, percebo que é possível mostrar ao aluno como, para chegar a essa mensagem, a autora montou seu texto. Com isso, vou introduzindo-o nas principais noções de estrutura da narrativa, como perceber que tipo de narrador é utilizado, como se desenrolam os acontecimentos e em que "ordem". Os personagens e sua importância dentro do universo narrado também podem ser estudados.

Um bom modo de chegarmos à compreensão desse mundo no qual se movimenta o menino é estudar a personalidade do garoto a partir de seu nome. Marcelo é o nome original, já Marmelo se confunde com a fruta do marmelo, utilizada para fazer a famosa marmelada, que no dicionário significa basicamente duas coisas: o doce caseiro que costumamos comer e trapaça. Ora, Marcelo não deixa de, com sua curiosidade, trapacear, burlar a comunicação, apesar de ser um *doce de menino*. E Martelo, aquele que cismou com o nome das coisas, e até mesmo teimou com dona Linguagem, tendo como "castigo" a casa de seu cachorro queimada.

Os questionamentos em torno dessa pequena história são muitos. Por que os pais de Marcelo, de início, rejeitam a língua inventada pelo filho? E por que depois a adotam, aceitando o jogo? Discussões infinitas.

PALAVRAS FINAIS

Do relato de uma experiência sempre se torna difícil concluir precisamente, pois a experiência é movimento constante de renovação e reformulação de conceitos.

Falar sobre o que entendo como necessário para despertar o prazer da leitura do texto literário, sistematizar minha prática de sala de aula, transformando-a, na medida do possível, em uma teoria da leitura, às vezes soou-me como pretensão e, em muitos momentos, paradoxalmente, considerei obviedade. São temas, pensava, por demais conhecidos para que alguém consiga detectar em minha exposição alguma novidade.

Tudo o que escrevi é e não é meu. Nos momentos de incerteza, a prática me socorria, quando lembrava do contato com alunos com pouca ou quase nenhuma experiência de leitura: em alguns desses alunos percebia até verdadeira aversão a tudo que se relacionasse à língua e à literatura. Lembrava também os ótimos resultados que

> *A leitura é conhecimento e conhecimento é uma forma de dominar a realidade.*

obtive em vários níveis escolares, valendo-me das noções aqui descritas.

Esses "resultados" frequentes em sala de aula me motivaram a escrever uma dissertação e, depois, transformá-la neste livro, sem exigências maiores que meu interesse pelo assunto e sem pensar em momento algum que havia qualquer ineditismo de minha parte. Em síntese, concluí que:

1) O professor de língua e literatura é, antes de mais nada, um educador que utiliza sua matéria para ensinar a pensar texto e contexto, sendo essa sua principal *missão*.

2) Há necessidade de despertar o prazer de ler, prazer que será tanto maior quanto mais o aluno/leitor descobrir que:

- A leitura é conhecimento e conhecimento é uma forma de dominar a realidade. Essa conscientização advém de leituras que não se limitam às descobertas apenas literárias.

- A leitura da literatura nos ensina a viver também com a imaginação, tornando-se o texto lido em fonte de criação.

3) Na abordagem do texto literário, existem procedimentos básicos e aplicáveis a qualquer nível escolar. Esses procedimentos são:

- Abordagem conteudística inicial em seus vários níveis (histórico, sociológico, filosófico etc.), que são levantados pela turma com a ajuda do orientador, tendo-se sempre presente que, no texto, os significados são complexos e oscilantes;

- Abordagem formal, que verifica como as questões estruturais servem ao conteúdo, entendendo-se questões estruturais como correlação sistemática das partes e as tensões geradas por essa correlação;

- Criação complementar. Perceber o texto literário como aquele capaz de despertar seu leitor para a escrita, levando-o a criar efetivamente;

4) O prazer da descoberta teórica reside em sua aplicação somente quando o leitor já dominou e explorou razoavelmente o conteúdo. Ou seja, já compreendeu o texto literário como um campo de sentido e de criação.

PARTE

02

RODAS DE LEITURA: O QUE SÃO, DE ONDE VIERAM, PARA ONDE VÃO?

Uma roda de leitura como estratégia de estímulo ao ato de ler é atividade das mais corriqueiras. Podemos até mesmo dizer que não encerra nenhuma novidade, nem aqui no Brasil, nem em outros países, onde é comum autores ou professores de literatura serem pagos para realizá-las, permanecendo, em seguida, à disposição do público para discussões e esclarecimentos. Tampouco esse tipo de atividade é fruto da alardeada pós-modernidade, pois sabemos que da Grécia antiga ao tempo de Kafka as leituras públicas eram comuns como forma de divulgar obra e autor. De modo que nada há de inédito no projeto Rodas de Leitura, do qual sou idealizadora, a não ser sua extrema simplicidade num momento em que a sofisticação e o requinte de certos métodos parecem protagonizar a cena literária. O ineditismo, no caso desse programa especificamente, fica por conta dos procedimentos utilizados com relação ao local onde se realiza.

As Rodas são leituras públicas de texto, realizadas em um centro cultural ou outro espaço de lazer, no qual simultaneamente outros eventos estão em cartaz: cinema, vídeo, exposições, teatro etc. Incluir a leitura em um espaço de lazer, fora da escola ou da universidade, significa, para mim, equipará-la às outras atividades ali oferecidas. Então, assim como o indivíduo vai para uma fila e reserva uma senha para assistir a seu filme preferido, vai também reservar seu bilhete para ler seu autor favorito. Entra numa sala, recebe um texto e senta-se, juntamente com outros, para ler. A diferença é que ali existe um guia de leitura que, em geral, é um escritor ou professor de literatura. Esse guia lê em voz alta, pausadamente, enquanto todos acompanham a leitura no respectivo texto. Depois, ele inicia uma conversa com o público. Falo em conversa porque não se trata de ler e/ou fazer uma conferência com tema previsto. Tampouco trata-se de uma aula, com assunto para teorizar ou enfocar de modo didático.

O comentário é feito em tom de diálogo e depende do nível cultural da plateia, de seus questionamentos, suas curiosidades, sua faixa etária. Depende também do grau de informação do guia de leitura (seu modo de pensar o texto) e da dimensão que as leituras podem assumir na vida de seus participantes. E o que isso significa?

Simplesmente que a leitura passa a ser reconhecida em parte como lazer, pois se trata disso mesmo, e em parte como elemento formador e reformulador de conceitos e opiniões na tarefa (difícil?) de educar. Educar, sim, porque leitura e educação andam juntas.

> *Leitura e educação andam juntas.*

▷ LEITURA E EDUCAÇÃO

A relação entre leitura e educação é, aparentemente, óbvia. É "moderno" e comum dizermos que na vida tudo é lido. Lemos o dia de sol ou de chuva, a alegria ou a tristeza das pessoas, o terno azul, o vestido estampado, os olhos verdes etc. Enfim, ver e ler tornam-se sinônimos, mas o ler recobre o verbo ver de uma camada mais espessa que é a observação. Uma observação que, naturalmente, leva em conta certo modo de o indivíduo pensar a vida e se relacionar com o mundo. E que é variável conforme o dia, o ângulo do observador e o humor da pessoa que lê/vê alguma coisa.

Com base no que acabei de afirmar, posso dizer que a leitura de qualquer texto, principalmente do literário ou ficcional, adensa mais ainda nosso ver porque ele é ambíguo, plural e faz, portanto, com que o ver tenha mais, digamos, mobilidade. Ambivalência à qual não estamos acostumados e que só vamos encontrar com a mesma força num outro pulsar: na vida. Infelizmente, a educação que nos é oferecida e que não leva em conta essa ambivalência alimenta-se de conceitos outros que nos fazem imaginar um mundo estático, previsível, sem nenhuma dinâmica, fruto do medo.

Adélia Prado, no poema "Paixão" (em *Coração Disparado*), nos fala desse mundo, segundo ela, sem poesia:

> De vez em quando
> Deus me tira a poesia
> Olho pedra, vejo pedra mesmo.
> O mundo cheio de departamentos
> não é a bola bonita caminhando solta no espaço (…)

Essa leitura "departamentalizada" e medrosa da vida só acontece quando não fomos educados para apreender o que nela existe de movimento, de ruptura constante e — por que não dizer? — de morte.

A leitura da literatura indica esse movimento e essa morte, aqui entendida sempre como renovação/mudança de estado, quando utilizada para formar e educar indivíduos. Os romances, os contos e os poemas nos dão a conhecer um mundo que não cabe nos departamentos de que nos fala Adélia em seu poema.

Ou seja: a boa leitura do texto literário, para além de qualquer teoria ou conceito, nos ensina a compreender o universo em que vivemos e a fazê-lo sem medo. Ensina-nos a dialética, a dinâmica de tudo e assim nos torna melhores como seres humanos, pois o que nos torna, de fato, infelizes é a desconfiança ou essa pobre certeza com a qual se ilude nosso ego: a de que nada ou pouco pode mudar.

Ficamos melhores porque somos capazes de perceber as mutações constantes, como se enxergássemos a vida por um caleidoscópio: os mesmos elementos gerando desenhos imprevisíveis no visor do tempo.

O papel do professor — ou, no caso das Rodas de Leitura, do guia de leitura — é sempre fundamental. Cabe-lhe levar quem lê a perceber as imensas possibilidades interpretativas de um texto e tudo o que nele está contido de conhecimento, sabedoria e informação.

Quando lemos literatura, estamos com um material precioso nas mãos. Estou convencida de que o processo de despertar o prazer de ler passa pela descoberta desse sentido maior que a leitura pode assumir na vida de quem a descobre.

A escolha do guia de leitura torna-se, assim, um procedimento delicado e é, talvez, a estratégia mais importante em qualquer trabalho que pretenda formar leitores de verdade.

> *O processo de despertar o prazer de ler passa pela descoberta desse sentido maior que a leitura pode assumir na vida de quem a descobre.*

▷ O GUIA DE LEITURA

Professor, escritor, crítico literário ou leigo, o guia de leitura possui função decisiva na leitura de qualquer texto. É pelo modo como ele encara o ato de ler que sua leitura será mais ou menos interessante. Na verdade, é por sua paixão de leitor que o texto adquirirá vida, sentido, para quem o está acompanhando.

Em minha prática profissional, sempre defendi uma leitura plural, em que os aspectos propriamente literários da obra não fossem antepostos quando dos comentários iniciais. Ou seja, a primeira tarefa — essencial a meu ver — seria estabelecer, entre o leitor e aquilo que ele leu, uma relação afetiva com seu cotidiano. Isso significa ler levando-se em conta a diversidade de assuntos que um bom livro pode nos sugerir.

Essa diversidade apontada anteriormente passa pela percepção, na obra, de vários níveis: histórico, filosófico, sociológico, psicanalítico, político, existencial e o que mais aí couber. As classificações de personagens, de narradores e questões afins são deixadas para o final, como esclarecimentos eventuais, se o público, para compreender a obra, deles necessitar.

É por sua paixão de leitor que o texto adquirirá vida, sentido, para quem o está acompanhando.

É nesse momento que escolher o guia de leitura adequado para uma leitura torna-se importante, na verdade, fundamental. O perigo de certas eleições é o de nos deixarmos fascinar pelo grau de "especialização" de certos professores ou pesquisadores (sem, em momento algum, negar a importância da informação e do aprofundamento) que, na primeira oportunidade, tratam de exibir determinados conhecimentos não necessariamente úteis ou que fogem ao interesse dos leitores em geral (por que, para compreender uma obra, devo levar em conta a bibliografia consultada/pesquisada pelo guia de leitura?)

Muitas vezes, ao receberem o convite para ler nas Rodas, alguns professores alegam não serem "especialistas" na matéria. Digamos, se o autor pertence à literatura hispano-americana, o professor alega "não ter formação naquela área específica", negando-se, assim, a realizar o trabalho. Mal sabe ele que, quando chamo/escolho alguém, estou interessada no profissional leitor, no tipo de percepção e dinâmica que ele vai criar em torno da leitura.

É minha convicção de que não preciso, necessariamente, me especializar num certo tipo de literatura ou gênero ou mesmo autor para poder conversar sobre ele ou seu tema criativamente... Sequer penso que deva ler a obra completa de um determinado autor para abordar, em público, um texto seu. Sou, antes de tudo, professora de literatura e escritora. Ler é minha profissão, minha paixão e minha competência. Leio tudo, sobre tudo. Sem preconceitos. Comento o que for possível, dentro de meus limites, que são muitos.

Com isso, não advogo, como já disse antes, a leitura impressionista ou superficial. Simplesmente não me parece que ser "sério" signifique especializar-se em um determinado "ramo" da literatura, para comentá-lo com uma plateia. Ao contrário, a experiência nos demonstra que, quanto mais conhecemos um autor ou assunto, mais nos embrenhamos por detalhes que, para um neoleitor, estão longe de serem instigantes e acabam por desinteressá-lo, talvez pelo aspecto "cientificista" ou acadêmico que as abordagens podem tomar.

O interessante, no projeto das Rodas de Leitura, é que a responsabilidade didática ou acadêmica desaparece, dando lugar a um tipo de relação mais, digamos, prazerosa com o que é lido.

É preciso lembrar que o programa tem por objetivo fazer nascer o leitor escondido dentro de nós, sejamos médicos, estudantes, donas de casa, executivos etc. Não estamos, portanto, diante de público especializado e talvez a maior dificuldade resida aí. Quem é meu público? Para quem falo? Esta pergunta deve rondar a cabeça da maioria dos guias de leitura: como vamos abordar um texto se não temos público definido?

A esses questionamentos eu responderia mais como escritora do que como professora. A solução, nesse caso, é optarmos pelas leituras pessoais que, em geral, são muito mais criativas. Muito provavelmente, o autor, na hora de criar, não pensou em um público específico porque o bom texto fala um pouco de tudo, para todos. Façamos como ele, o que não significa nem de longe abordagens superficiais em nome do espontaneísmo puro e simples.

O ato da leitura deve, de preferência, ser tão inventivo quanto o momento da criação da obra. Utopia? Não. Ler, e ler literatura, é escrevermos outra, e a mesma história, dentro de nós. Para atender a interesses tão diversos, creio que o guia de leitura deverá descobrir para/com a plateia o que na obra lida existe de informação, de conhecimento do mundo. O livro servindo de ponte para a compreensão de nossa vida de hoje, de ontem ou de amanhã. É realizando leituras criativas, propondo ao público as mais diversas questões e provocando-o, que isso pode acontecer. A entonação, as pausas e o tom de voz também são fundamentais, bem como a facilidade de comunicação.

O livro servindo de ponte para a compreensão de nossa vida de hoje, de ontem ou de amanhã.

Às vezes, pessoas brilhantes não são tão bem-sucedidas quanto outras cujo suporte teórico-crítico é menor. Dependendo da situação, não é preciso que o guia de leitura seja, necessariamente, formado em letras.

Há estratégias interessantes. Um dos nossos guias de leitura, por exemplo, ao ler "O Espelho", de Machado de Assis, falou um bom tempo, antes de iniciar a leitura, sobre o mito do espelho e seus significados na cultura ocidental, retomando alguns desses significados no fim da narrativa. Outro iniciou sua leitura de "O Bilhete de Loteria", de Anton Tchecov, perguntando ao público o que fariam se ganhassem na loteria esportiva. Com esses dados colhidos de antemão, iniciou a leitura do conto que é, como todos os textos de Tchecov, um profundo estudo da alma humana e da sociedade russa em sua época. Outro guia de leitura, ainda, propôs às pessoas, no fim da análise do texto, que escrevessem um bilhete à protagonista de um conto de Moacyr Scliar.

Casos, piadas, passagens interessantes da biografia do escritor, brincadeiras, imagens projetadas em uma tela, vídeos, são todas ótimas formas de chamar a atenção do público antes, durante ou após a leitura.

Quando o guia de leitura for o próprio escritor, então as coisas mudam. Para melhor, ou para pior. Para melhor, no sentido de que ele é a atração principal, o testemunho máximo da obra, e a discussão ou conversa torna-se mais consequente, mais viva.

Às vezes, porém, a presença do autor pode intimidar o público (o que é raro) ou ele próprio inibir-se um pouco para discorrer sobre seu trabalho (o que acontece com frequência, pois, na maioria das vezes, o autor não é a pessoa ideal para falar sobre a própria obra).

Nesse caso, a figura de um mediador, que conheça literatura e tenha lido o texto em questão, é importantíssima. Em última análise, essa espécie de "curinga" pode atuar como entrevistador, dinamizando o encontro.

Cada guia de leitura, claro, tem um determinado modo de ler, e essa variedade é necessária, bem como a escolha inteligente e sensível dos textos da programação.

▷ OS TEXTOS

Conto, romance, poesia, crônica, teatro, ensaio. Seja qual for o gênero, os textos jamais são impostos ao guia de leitura. Em outras palavras, quem comanda uma programação de leitura não é o coordenador/curador do projeto, mas quem vai ler. Comentar textos determinados "de fora" significa reproduzir os mesmos procedimentos que a escola e a universidade utilizam: impõem uma programação de leitura por exigência do currículo ou de seus interesses pedagógicos. Como coordenadora do evento posso, quando muito, escolher os temas em torno dos quais girarão as leituras durante certo período. Posso também controlar a programação de modo que as leituras, os temas ou os autores não se repitam.

E cada gênero possui uma estratégia própria de abordagem nas Rodas de Leitura, dependendo de quem lê, do público presente, de suas inquietações. Existem limites, é claro, mas eles dizem respeito ao "tamanho" do texto lido. Em geral, os contos curtos são aqueles que mais se prestam aos objetivos de uma leitura pública, que é formar leitores e despertar o prazer de ler. São várias as vantagens desse gênero. Uma delas é que os contos se oferecem como histórias "completas", no sentido de que as lemos e ali estão, inteiras, em seus diversos significados.

A percepção da história completa em um tempo breve de leitura é imprescindível para o trabalho de aprofundamento em seus temas e problemas. A resolução, ou não, dos conflitos, os personagens com seu peso ou sua leveza, nocauteando-nos (utilizo aqui uma expressão de Julio Cortázar, muito conhecida, para quem, enquanto o romancista ganha o leitor por pontos, na feitura de um conto, o contista ganha por nocaute), e desvelando-nos, de forma condensada, seu drama.

Com relação aos romances, talvez seja melhor a leitura de seus inícios, fazendo-se uma espécie de introdução explicativa à obra. Assim, por exemplo, ler e pensar o prólogo do *Fausto* de Goethe (a aposta inicial entre Deus e Mefistófeles, por exemplo) são ações que servem para incentivar a leitura do resto do livro, ao mesmo tempo em que oferecemos ao leitor uma chave de compreensão da obra. O mesmo pode ocorrer com obras consideradas "complexas", como a *Ilíada*, a *Divina Comédia*, *Memórias Póstumas de Brás Cubas*, *Grande Sertão: Veredas* e outras que necessitam de um suporte teórico maior para sua fruição.

A leitura em conjunto não deve ocupar mais do que 15 ou 20 minutos do tempo total da sessão, que dura 1h30. A exemplo dos romances, o guia de leitura pode "introduzir" o público na ambiência das peças de teatro ou escolher um trecho que seja particularmente ilustrativo da obra (sempre depois de uma breve síntese da peça). Nesses casos, o resumo é de vital importância para que o leitor possa perceber o significado do fragmento lido e não se dispersar. O guia, então, observa as características da linguagem teatral e ensina, sem afetações didáticas maiores, de modo natural, que as peças podem ser lidas tão gostosamente quanto os romances. Nelas, a ação se entremostra na intensidade dos diálogos, no cenário, na indumentária das personagens, instâncias que fazem o papel do narrador.

Os poemas são um capítulo especial. Pode-se ler um autor de modo mais "profundo", ou vários autores, organizando-se uma espécie de antologia. Em quaisquer dessas opções, o principal é descobrir, com o público, o prazer escondido na sonoridade das palavras e na organização rítmica, as imagens, a liberdade de interpretação, a riqueza filosófico-existencial contida no verso, como, por exemplo, "nascer é muito comprido", de Murilo Mendes ("Reflexão n. 1", em *O Menino Experimental*).

Comparar a linguagem da prosa com a da poesia, perceber como cada poema tem um ritmo próprio e precisa de tempo para conviver conosco é passo essencial na leitura de poesia. Perceber também que sua linguagem não quer/nem necessita ser entendida racionalmente, porque se dirige aos sentidos, criando atmosferas mais do que significado objetivo. Um pouco da história da poesia (sem historicismos, como ocorre no nível médio hoje em dia) faz bem *se* a plateia necessitar dessa informação. Afinal, estamos apenas iniciando, formando um público para o convívio com a linguagem mágica do poema. Ou não?

Fundamental ainda é todos os presentes terem o texto à mão e nada ser comentado de forma abstrata.

Há uma diferença enorme entre a história ouvida e a história lida de fato. O que é lido se fixa mais em nossa mente, ao mesmo tempo que provoca. E provoca porque permite o que a história apenas ouvida não permite: a releitura. É muito importante repassarmos o texto, hora em que os detalhes de vocabulário, de construção, de intenção aparecem com maior nitidez.

Desnecessário dizer que uma das funções centrais da leitura é despertar a imaginação, causar prazer. Em meu caso particular, o hábito de ler, adquirido na infância em uma cidade do interior, por força de longas tardes sem opção de lazer, foi o elemento facilitador de minha adesão à leitura e contribuiu para minha rápida adaptação (quando me transferi para o Rio de Janeiro) à metrópole, ao trânsito, aos "orelhões" (uma das novidades mais incríveis para mim, afora a televisão, e hoje, meio público quase obsoleto de comunicação) e à violência.

Compreendi tudo isso muito mais tarde, quando comecei a ensinar Literatura e Língua Portuguesa nos diversos níveis e nos mais variados estabelecimentos de ensino.

Era fácil verificar como alunos sem experiência de leitura demoravam, por exemplo, a estabelecer relações, muitas vezes óbvias, entre as coisas, os espaços, os textos.

Por essa época, percebi também as enormes falhas no ensino da literatura a partir do programa que, como professora, era obrigada a cumprir. Para quem, como eu, estava acostumada aos livros, ficava difícil tanto aprender (na faculdade) quanto ensinar (nas escolas) literatura, utilizando tão somente a teoria e a história literárias.

Enfim, essas são recordações e observações elementares, desnecessárias até — alguém poderia dizer —, mas conhecendo-se o meio acadêmico, vamos verificar que, de tão simples, acabam ficando esquecidas por uma teorização que, muitas vezes, desconsidera a importância de um trabalho de sensibilização do leitor.

Esse conjunto de circunstâncias facilita o entendimento do tipo de leitura em questão. Nas Rodas, torna-se absoluta a necessidade de sermos claros e buscarmos favorecer o leitor, sem simplificações.

Um elemento importante nesse evento é o coordenador/mediador que, estabelecendo um contraponto, pode funcionar como aquela espécie de "curinga" a que me referi, caso a plateia se mostre tímida ou o próprio expositor sinta dificuldade de expressar determinados conceitos, o que pode vir a acontecer. Seu papel, então, será o de apresentar perguntas e/ou observações, supondo-se sempre que, como responsável pelo projeto, terá tido oportunidade de avaliar o texto anteriormente.

▷ A LEITURA

O local da leitura deve ser acolhedor, silencioso, evitando-se movimentações ou interrupções desnecessárias.

Portanto, fogem totalmente aos objetivos de uma Roda as leituras ao ar livre, em praça pública, bares etc. Esses locais são mais adequados à dramatização de textos ou a contadores de histórias, estratégias de trabalho interessantes, lúdicas, mas que não necessariamente favorecem a leitura mais atenta, individual, criativa que um bom livro necessita.

Na Roda, o guia de leitura lê pausadamente, comenta, faz observações interessantes, curiosas, divertidas, informativas, fornecendo aos leitores uma chave de compreensão entre as tantas que um texto pode ter. Como já vimos, são muitas as estratégias e abordagens. Lido o texto, inicia-se o diálogo, que será tanto mais empolgante quanto mais verdadeiro for, quanto mais os elos com a realidade que vivemos se fizerem sentir. O ambiente, pois, deve contribuir para esse momento de intimidade em que leitor e texto fazem contato.

▷ AS CIFRAS DO PROJETO

Quando falamos em cifras para um projeto de leitura, estamos considerando que autores e professores de literatura e mesmo os produtores/idealizadores do evento são profissionais que ali estão para realizar um trabalho que lhes exige tempo e dedicação. Não devem comparecer apenas como colaboradores espontâneos, devendo ser remunerados. Remunerar faz parte da valorização do trabalho numa sociedade na qual o tempo e a especialização contam cada vez mais. E compromete o trabalhador com o serviço que presta à comunidade, à empresa etc. que solicitou o trabalho.

Rodas de Leitura é um projeto simples, barato e objetivo. Basicamente precisa-se de verba para:

> » Remuneração dos guias de leitura (professores ou escritores).
> » Cópia dos textos.
> » Remuneração da coordenação/curadoria.
> » Material de divulgação (fôlderes e cartazes).
> » Verba para divulgação (em jornais, revistas, rádios ou sites).

Esses itens anteriormente descritos podem variar, dependendo do formato escolhido para o projeto (se mensal, se semanal), da frequência do público. Recomenda-se que, pelo menos no início, os encontros sejam semanais, pois criam o hábito e começam a fazer parte da rotina de lazer de seus participantes; formam plateia habitual para dizer mais tecnicamente.

Quando criei o projeto no Centro Cultural Banco do Brasil, no Rio de Janeiro, como tínhamos um financiamento garantido, pudemos "ousar um pouco", acrescentando à produção certos detalhes que deram "personalidade" ao programa e tinham justificativa concreta. Por exemplo, uma ou duas vezes ao mês, participavam do trabalho escritores de outros estados e, eventualmente, até de outros países. Para que isso acontecesse, fazia-se necessária uma verba "extra", para cobrir custeio de passagem, hospedagem e para ajuda de custo para o autor/professor.

Os textos utilizados não são xerografados, mas digitados e reproduzidos graficamente por sistema de microcomputação. Parece sofisticação em demasia, mas não é. Com esse processo, evitamos a utilização da cópia xerox, tão combatida pela indústria editorial. O ideal é solicitarmos uma autorização por escrito do autor ou da editora para reproduzirmos os textos, evitando, assim, complicações legais.

A remuneração dos guias de leitura é sempre a melhor possível. Ao estabelecermos essa remuneração, levamos em conta:

» A formatação do trabalho e a capacidade do guia de leitura, seja ele escritor ou professor.

» O tempo da pesquisa gasto na preparação da leitura.

» O tempo gasto na apresentação do trabalho (uma hora e meia), com os deslocamentos (na mesma cidade ou estado em que o projeto está sendo realizado).

É importante lembrar ao estabelecermos o pró-labore do professor, escritor ou especialista, que ele estudou e trabalhou muito até chegar a essa função e que seu trabalho deve ser remunerado da melhor forma possível. Quando remunero um autor como Lygia Fagundes Telles ou Luis Fernando Verissimo, na verdade, não estou pagando seu trabalho apenas por aquela hora e meia de apresentação. Esse breve tempo representa uma parte infinitamente inferior àquela que esses escritores ilustres passaram lendo, escrevendo e preparando-se para chegar até nós e contribuírem, muitas vezes decisivamente, para a aquisição do gosto pela leitura por parte de quem está participando. O mesmo se pode dizer de outros profissionais.

A remuneração do coordenador/curador do projeto deve levar em conta vários itens e responsabilidades, dependendo da complexidade maior ou menor do programa apresentado. A atividade envolve, além da responsabilidade moral e pedagógica pelo evento, uma série de tarefas. São elas:

a) Idealizar o programa de leituras (o que inclui pesquisa antecipada);

b) Definir a temporada do evento, bem como hora e local;

c) Contatar guias de leitura e garantir a presença e a participação de todos;

d) Recolher, definir e discutir com os guias de leitura o material que será impresso e lido;

e) Controlar a qualidade do material impresso, biografias, biobibliografias, bem como a entrega nos prazos acordados;

f) Supervisionar a administração financeira do projeto, o que inclui verificar se os profissionais envolvidos no projeto estão sendo remunerados a contento;

g) Enviar correspondência (carta-convite, ajustes de leitura e horários);

h) Acompanhar todas as leituras;

i) Colaborar com a divulgação do evento e supervisioná-la, muitas vezes comparecendo a rádios, tevês, jornais, ajudando na elaboração dos *press releases* necessários;

j) Contatar escolas e universidades, estabelecendo convênios de participação dessas instituições etc.

Enfim, o mistério maior das cifras do programa diz respeito a encontrarmos um patrocinador disposto a investir nesse trabalho. Tarefa difícil, mas não impossível. Este projeto desenvolvido ao longo de tantos anos é um exemplo disso.

▷ BREVE HISTÓRICO DO PROJETO NO CENTRO CULTURAL BANCO DO BRASIL

O projeto Rodas de Leitura, que esteve por 13 anos em cartaz no CCBB (Centro Cultural do Banco do Brasil), foi pioneiro nessa modalidade de eventos em nosso país, e nasceu de um desejo que tive de estender uma prática de sala de aula a um público não específico, menos escolar ou acadêmico. Primeiramente, ofereci à biblioteca do Centro Cultural, em 1992, duas oficinas de leitura nos moldes como as que desenvolvia em outros lugares e em minhas salas de aula. A ideia foi acolhida com entusiasmo pelo então coordenador da biblioteca, sr. Oduvaldo Braga. O resultado foi tão fantástico que, no ano seguinte, em março, resolvi experimentar as "Rodas" durante três meses numa pequena sala da biblioteca e para um público de, no máximo, 25 pessoas. Chamei profissionais para participarem da experiência. Eram eles o escritor Victor Giudice, a ficcionista Rosa Kapila, o professor Nelson Saintive e eu. A atividade se realizava aos sábados em dois horários tidos como "difíceis" numa cidade como o Rio de Janeiro: 10h30 e 13h, hora de praia e hora de almoço!

Durante três meses, nos revezamos em leituras que iam de Lygia Fagundes Telles e Clarice Lispector a Julio Cortázar e Jorge Luis Borges. O resultado foi tão bom, e a resposta do público tão imediata, que já na segunda semana o local ficou pequeno. De 25, pulamos para 35 lugares, salinha cheia nos dois horários, filas de espera, corridas por senhas em pleno sábado de sol numa cidade tão convidativa a passeios ao ar livre como o Rio de Janeiro. A sensação muito viva que eu tive, na época, foi a de que a leitura estava realmente sendo percebida como lazer, informação, conhecimento. Ponte para a compreensão da vida e diversão!

Ao encerrar-se o projeto, a continuidade tornou-se inevitável: pedidos, protestos, abaixo-assinados para nada mais, nada menos que ler! Apanhada de surpresa, a coordenação da biblioteca — já em mãos da sra. Marta Paggy — resolveu, após um mês para reorganização, retomar o projeto em outros moldes.

As Rodas foram transferidas para outro dia, em novo horário, e para uma sala agora com 40 lugares que, no ano seguinte, transformou-se em 50, depois em 80; o auditório com mais de 100 lugares precisou ser utilizado de modo permanente para o projeto. Havia filas de espera, pessoas que não se importavam em se sentar no chão ou acomodarem-se como podiam. Se havia falta de texto (nos esforçávamos para que não houvesse), as pessoas partilhavam o mesmo exemplar.

Com a reorganização, fez-se necessária a elaboração de um fôlder com a programação das oito ou dez leituras mensais que realizávamos à época e a confecção de cartazes. A presença de autores como guias de leitura também foi estimulada. Chegamos a receber mais de 500 escritores, entre eles Adélia Prado, Ferreira Gullar, Moacyr

Scliar, Ignácio de Loyola Brandão e outros. Jorge Amado leu, pela primeira vez para um público de mais de 500 pessoas (todas com seu texto na mão), um trecho de *Tenda dos Milagres*, no ano de 1995. Nossos autores, pela primeira vez, tinham um tratamento de *pop stars*! Em 1996, os mais importantes cronistas do país leram e comentaram seus textos para auditórios lotados. Alguns dos melhores profissionais de literatura do Rio de Janeiro e de outros estados participaram do projeto.

Sempre procurei elaborar uma programação diversificada, que atendesse às mais variadas exigências. Ciclos em que focalizamos autores clássicos e contemporâneos, poesia, ficção, autores, atores ou diretores de peças teatrais já comentaram trechos de suas obras preferidas. Ciclos dedicados à literatura portuguesa ou hispano-americana, à literatura fantástica e à erótica. Os contos das *Mil e Uma Noites* foram tema de um mês inteiro de leituras. Todos comentados por excelentes guias de leitura, o público escolhendo esta ou aquela obra ou desejando participar de todas as sessões.

Todos os livros lidos nas Rodas ficavam à venda e à disposição dos leitores na biblioteca, onde a equipe de bibliotecários organizava uma pequena exposição na entrada do local onde as leituras eram realizadas. Um sorteio dos livros lidos finalizava a sessão. Tudo muito simples, sóbrio e objetivo.

Ao longo de 13 anos de trabalho, o projeto sofreu alterações na estrutura, que foram realizadas para atender aos interesses do patrocinador. A partir do sexto ano, as Rodas começaram a ser mensais (a instituição desejava abrir espaço para outros projetos de literatura). Essa "quebra" na continuidade semanal das sessões de leitura deu ao programa um caráter mais eventual, perdendo, assim, muito de seu traço mais educativo. Esse fato foi percebido pelo público frequentador que já estava acostumado ao modelo anterior e houve, inclusive, protestos (a essa altura, as Rodas já tinham se tornado um hábito na vida de seus participantes). Em compensação, ganhou *glamour, status* de "evento especial" e começou a se estender por outros centros culturais que o Banco do Brasil criou. Foi para Brasília (onde ficou por cinco anos, com grande sucesso de público e de mídia) e para São Paulo (ali permaneceu durante dois anos). O projeto viajou durante três anos por todas as capitais do Brasil fazendo parte da agenda do Circuito Cultural Banco do Brasil.

A essa altura, o Brasil inteiro e, inclusive, algumas instituições públicas já estavam familiarizados com o programa, que virou moda. Fazer Roda de Leitura virou sinônimo de atividade obrigatória em bibliotecas, salas de aula e programas nos quais a leitura estivesse em foco. Surgiram iniciativas particulares como a da poetisa Roseana Murray, que levou as Rodas de Leitura para Saquarema, realizando-as nas escolas públicas da cidade e em sua própria casa, onde ainda ocorrem. Em muitos municípios, as Rodas de Leitura já fazem parte da grade curricular das escolas. O projeto/atividade ainda é alvo/objeto de teses de mestrado e doutorado.

Em 2004 e 2005 ocorriam as Rodas Internacionais com autores estrangeiros que vinham ao Brasil para, simplesmente, ler e conversar com o público. Eduardo Galeano (Uruguai), Atiq Rahimi (Afeganistão), Pepetela (Angola), Miodrag Pávlovitch (Sérvia) ou Nurudhin Farah (Somália) foram alguns entre os muitos autores estrangeiros convidados.

Mas essa é outra história: o começo de uma transformação que pode alavancar um evento, mas não cumpre tão bem a missão de uma Roda de Leitura, que consiste em despertar o prazer íntimo do leitor em contato com o texto, com seu autor. Hábito é continuidade, é isso que sedimenta cada ação que se pretenda consequente na ciranda dos programas de leitura.

Encerrado em 2005 no CCBB, o projeto ainda continua em outros espaços e tomou conta do cenário como expressão e forma de muitas ações de leitura. Transformou a relação do escritor com a mídia, por meio de sua maior exposição ao público, em jornais, revistas e programas de TV (evento impensável no início da década de 1990). Profissionalizou-o como *showman* de seu próprio livro.

▷ PARA ONDE VÃO AS RODAS?

Comecei o artigo receosa e termino mais receosa ainda, pois sou apenas uma professora/escritora que resolveu estender a um público mais amplo suas ações de sala de aula, e que apenas tem noção da eficiência de certos procedimentos simples, passíveis de serem adotados em programas dessa natureza.

E as pretensões não são muitas.

Tenho certeza de que trabalho objetivamente com um evento, fruto de experiência pedagógica pessoal. Feliz ou infelizmente, não tenho maiores ambições com ele.

Enquanto encontrar apoio de instituições, aí estará o Rodas de Leitura.

Tenho uma secreta esperança, que aqui torno pública: a de que, lendo este artigo ou assistindo a algumas Rodas, outras pessoas se interessem por desenvolver programa semelhante. Nas escolas, nos centros culturais, nas bibliotecas, até em reuniões informais, o que começa a acontecer em larga escala. Quem sabe um dia pessoas não se reunirão para ler? Já imaginaram um aniversário que tenha como uma das atividades (além de comer, conversar, dançar) ler?

Com isso quero dizer que o projeto é de todos, e apesar de estar patenteado não tem dono. Pode ser realizado por qualquer amante da leitura, professor ou leigo. Não dizem por aí que quanto mais estrelas houver no céu, mais maravilhoso ele fica? Pois é isso mesmo! Fica o convite para todo mundo. Sei que isso não é delírio de poeta. Também não é um trabalho tão generoso assim. Explicando melhor: como escritora e professora de literatura, resolvi fazer algo pelo mercado de livros e, consequentemente, por mim. Se é que desejo escrever e publicar, o melhor a fazer, em vez de ficar parada me lamentando pela falta de leitores, é dedicar-me a formar público para a literatura, sabendo perfeitamente que, ao trabalhar para isso, estou trabalhando para mim.

De resto, não há mistério. Nem truques. Só leitor e leitura, autor e público. O texto sendo tratado de forma natural, sem sofisticações, com razoável aprofundamento nas mais importantes propostas. Que mais poderíamos desejar?

(Escrito e publicado na revista
Leitura: teoria e prática, da Unicamp, nº 28.)

A ARTE DE LER EM GRUPO OU VAMOS LER JUNTOS?

▷ O QUE É LER HOJE? DE QUE MODO A LEITURA PODE NOS AJUDAR PROFISSIONALMENTE?

Num fragmento de sua autobiografia, *As Palavras*, Jean-Paul Sartre, um dos mais famosos pensadores franceses do século XX, descreve o momento em que, ainda menino, escolhe dois grossos volumes da biblioteca de seu avô e os deposita sobre os joelhos da mãe. Ela levanta os olhos de seu trabalho e lhe diz: "O que queres que eu te leia, querido? *As Fadas*? Ao que ele pergunta, incrédulo: "As fadas estão *aí dentro*?"

Certamente a infância de Sartre, no início do século, foi bem diferente da nossa, e a pergunta que um menino de 5 anos hoje faz é, já sabemos, muito mais complexa. E por quê? Simplesmente porque ele vive num mundo em que o predomínio da imagem e do som é a regra.

Ou seja: tudo cabe dentro de um aparelho de tevê ou na tela de um computador. E mais: tudo pode ser *produzido* também por ele. Estamos em plena era cibernética, na qual as fadas não só se concretizam como podem ser fabricadas. O que imaginamos tem 99,9% de chance de transformar-se em realidade, esteja ela a que distância estiver de nós.

Então, qual é o lugar que os livros hoje ocupam em nossa vida? É a pergunta que nos vem à mente quando falamos neles. De que modo a leitura pode nos ajudar em nosso cotidiano e profissionalmente?

A ausência de leitura dificilmente poderá ser compensada com o desenvolvimento tecnológico, porque nosso convívio pessoal ou profissional jamais terá soluções eminentemente técnicas. Numa discussão com colegas de trabalho, por exemplo, sabemos que não encontraremos as soluções adequadas apenas apertando um botão ou a tecla do computador. Tampouco a técnica resolverá nossos problemas de ordem existencial. Nossas dores, nossos amores, nossos conflitos podem ser solucionados, mas nunca *num passe de mágica*, como poderiam fazer as fadas do livro de Sartre.

Hoje em dia, saber ler, nas várias dimensões que esse verbo tomou, tornou-se imperativo para o desenvolvimento de nossas potencialidades profissionais, intelectuais e — por que não? — espirituais. É na reflexão crítica que a leitura nos proporciona que vamos nos conhecer melhor, perceber nossas falhas ou limitações em todos os terrenos.

Atualmente, já não basta a um indivíduo concluir sua formação escolar/universitária, e lá se foi o tempo em que podíamos dar nossos estudos por encerrados. O ritmo da ciência e da tecnologia é tão veloz que as novidades mais recentes já envelheceram no minuto seguinte.

Para o professor Richard Bargenguer, autor do livro *Como Incentivar o Hábito da Leitura*, ler é a tarefa do presente e do futuro — quando as pessoas necessitarão de uma espécie de autoeducação permanente; ou seja, deverão promover a pesquisa, a reflexão e o crescimento intelectual por conta própria. Deverão desenvolver, de modo autônomo, sua competência, enfim.

Mas o que significa, para você, ser competente no trabalho? Significa não apenas cumprir as normas ou regulamentos estabelecidos pela administração, mas criar soluções, alternativas, contornar problemas aparentemente insolúveis, improvisar positivamente, com eficiência. Ora, as soluções, os improvisos são, no fundo, outras formas de você reler seu trabalho. E, quanto maior for sua carga de leitura — aqui não nos referimos apenas a textos literários, mas a jornais, revistas, manuais etc. —, mais possibilidades de mudanças você encontrará.

Isso porque, além de potencializar seu espírito crítico e seu vocabulário, de ajudar sua capacidade de redigir e de se expressar de modo eficiente, de associar elementos aparentemente díspares ou dissociados no tempo e no espaço, a leitura desenvolve sua percepção dialética no cotidiano. É por meio dela que se expande nossa capacidade de criar, não somente para inventar outros mundos, mas para encontrar soluções dentro deste.

Ser eficiente, portanto, nunca significará rigidez na compreensão dos fenômenos da realidade. Quando sabemos ler bem, criamos possibilidades para tudo e, ao criarmos novas alternativas para nosso mundo pessoal ou profissional, transformamos a realidade ou transformamos *em* realidade nossas ações, pensamentos e opiniões.

A escrita, por exemplo, é uma das consequências mais positivas do ato de ler. Quando escrevemos, somos obrigados a pensar sozinhos. Já não repetimos os mecanismos mentais de outra pessoa, como acontece na leitura, mas criamos nós mesmos esses mecanismos, daí a sensação de independência que experimentamos quando produzimos um texto. "É um dom que ninguém me rouba", declarou certa vez a escritora Marina Colasanti. Marina fala em "dom", porém, a capacidade de criar por meio da escrita não é tão natural assim. Por trás de um grande escritor existe sempre um leitor maior ainda. Quando nasce o escritor, o leitor voraz já habitava nele há muito tempo.

Daí que podemos começar a pensar na leitura, não como matéria obrigatória, conforme nos levaram a crer na escola, mas como atividade artística e de aperfeiçoamento profissional também.

No colégio, em geral, aprendemos ou somos forçados a ler livros pelos quais muitas vezes não temos o menor interesse. É lá que se perde uma prática muito estimulante de leitura, que é a feita em grupo, uma atividade dinâmica da qual todo professor que se preza lança mão e da qual podemos nos valer para servir de estímulo ao nosso trabalho cotidiano.

▷ LEITURA EM GRUPO: PRAZER, MOTIVAÇÃO E EFICIÊNCIA

Quando pensamos em leitura, a primeira imagem que nos vem à mente é a de uma pessoa solitária, com um livro aberto na mão, cercada de silêncio por todos os lados.

Podemos pensar nessa pessoa lendo jornais, revistas, mesmo folhetos, mas o livro é a imagem que se impõe, e a solidão parece ser a condição primeira para que a leitura ocorra. Nem sempre é assim. Pensamos dessa forma por hábito, mas a leitura, para dar frutos, não necessariamente pressupõe o estarmos sós. Ao contrário, a companhia de alguém ou de um amigo é muito mais estimulante do que supomos, até para criar em nós a capacidade de realizar uma leitura aberta dos fenômenos objetivos e subjetivos que nos cercam.

A boa leitura é sempre uma confrontação crítica com o que estamos lendo. Em grupo, essa confrontação se multiplica. Vemos o mesmo conceito e a mesma história percebidos de maneira diferente, como um objeto que pudéssemos olhar de vários ângulos, apreciar ou não, discutir, comparar.

Mas quais seriam as vantagens objetivas de ler em grupo?

A primeira delas é que as pessoas que sentem prazer no estudo ou na leitura de um livro em geral gostam de *conversar* sobre ele.

As ideias dos outros funcionam como contrapontos para as nossas. De fato, quando verbalizamos nossas opiniões, nos distanciamos criticamente daquilo que foi lido e tudo adquire uma nova dimensão. Ler em grupo é também uma forma de continuarmos a leitura. Saímos de nosso mundo interior para encontrar outro modo de pensar as situações, personagens, as questões que um bom texto nos apresenta. O importante é sabermos que cada novo leitor pensará um livro quase sempre de um modo diverso do nosso.

Para Paul Le Clerc, um dos diretores da Biblioteca Pública de Nova York, ler em grupo é um exercício que nos permite *ver com novos olhos e escutar com novos ouvidos*. Além disso, o grupo socializa o ato de ler, normalmente individualizado, no qual tantas afinidades (ou o contrário) podem se reconhecer. Como num cineclube, com a diferença de que o filme foi *visto* e não *lido*, podemos formar nossa opinião, fazer amizades, aprofundar aspectos de nosso cotidiano, conhecer mais o mundo em que vivemos, aperfeiçoar-nos profissionalmente e também nos divertir.

Os grupos de leitura têm outras vantagens, além das expostas anteriormente:

a) Dão a você um meio de estar sempre aprendendo, antenado com o que acontece a sua volta;

b) Preenchem as lacunas de sua educação formal. São uma oportunidade de ler ou reler livros que você considera importantes para sua formação. Isso sem contar com os novos títulos que podem surgir por indicação de outros membros do grupo;

c) São a oportunidade de você compartilhar opiniões (negativas ou positivas) acerca do que leu ou aprendeu;

d) Dão a você a chance, por meio da reflexão, de conhecer melhor o "outro", fazer amigos, observar certa disciplina;

e) O grupo de leitura é um tipo de atividade para a qual não necessitamos dispender esforço ou dinheiro, a não ser na compra de livros. Mas não necessariamente precisamos comprá-los.

Podemos pegar emprestado da biblioteca mais próxima.

Mas como formar um grupo de leitura? Onde se encontram os leitores, esses seres que parecem esconder-se em galáxias desconhecidas? Que estratégias devemos usar, que critérios de leitura adotar?

▷ ESTRATÉGIAS PARA A FORMAÇÃO DE UM GRUPO DE LEITURA

O COMEÇO DE TUDO

Primeiramente, é preciso existir um grupo de pessoas interessadas em leitura, mas onde encontrá-las? Diria que a tarefa é mais fácil do que imaginamos. Você pode se reunir com amigos (de vários segmentos), conhecidos de atividades afins com as suas, colegas de trabalho, vizinhos ou familiares. Pode reuni-los em sua própria casa, uma primeira vez, ou combinar um local para o encontro, mas para isso é necessário saber alguns detalhes importantes para que as reuniões não se transformem em uma chatice prolongada, certo? Sim, porque dependendo do modo como são convocadas as pessoas, do local onde elas se reúnem, e do tipo de estratégia adotada, os encontros podem resultar em mais uma tarefa de agenda a ser cumprida e nada é tão terrível quanto isso.

Pensando nesse risco, que é fatal para qualquer atividade extra que programemos, elaborei uma súmula com algumas regrinhas estratégicas para que um programa dessa natureza dê certo. Essas estratégias dizem respeito ao espaço para as reuniões, à frequência mínima, ao tipo de leitura a ser proposto inicialmente, ao papel que desempenham os membros do grupo, à importância da existência de um líder para a atividade e outros detalhes.

O PAPEL DO LÍDER, OS OBJETIVOS, A PRIMEIRA REUNIÃO

Para iniciar um grupo de leitura, você vai precisar de um ou mais líderes. Normalmente, o líder é quem desejou que o grupo existisse e propôs a um amigo, que propôs a outro e outro, e assim por diante.

Como esse tipo de reunião não requer administração muito complexa, a esse líder cabe marcar os primeiros encontros, fixando dia e hora para eles. Também cabe-lhe discutir com o grupo o tipo de leitura adotado ou propor um texto inicial que lhe pareça de interesse geral.

Convocar as pessoas para uma reunião informal e, no meio dela, propor a leitura de alguma coisa não deixa de ser um bom início. O grupo também pode começar reunindo-se em torno de um professor ou orientador. Muitos grupos de leitura que conhecemos surgiram a partir de cursos de extensão em que as pessoas desejaram *continuar o assunto depois da aula.* Pode-se chamar um conhecido, especialista em alguma matéria de interesse comum (economia, administração, ecologia, literatura etc.), para que leia um texto breve e inicie uma reflexão a respeito do que foi tratado ali. Alguns grupos chegam a remunerar o orientador, que deve ter algumas qualidades essenciais, entre elas a de não dar um tom demasiadamente professoral aos encontros, que devem ser, antes de mais nada, uma conversa informal, na qual a reflexão, o senso crítico e a sensibilidade falam mais alto. Se os participantes de um grupo de leitura desejassem frequentar uma escola de novo, procurariam a universidade ou cursos de extensão. Um grupo de leitura se assemelha muito a um grupo de estudo qualquer. Estudar, do latim *studere*, tarefa esta infelizmente sempre relacionada à escola, mais do que fixar na memória, é refletir, aprofundar, meditar, analisar um assunto detidamente, com a diferença de que nesses grupos ninguém nos ameaça (ufa!) com uma prova no fim do mês.

Para esse tipo de reunião também não é necessária nenhuma recepção especial da parte do dono da casa: bastam um cafezinho, um suco, um biscoitinho. Nada de muito sofisticado para não ocupar demais o anfitrião a ponto de desconcentrar-se do objetivo principal do encontro.

FREQUÊNCIA, NÚMERO IDEAL DE PARTICIPANTES, FAIXA ETÁRIA, LOCAL DAS REUNIÕES

Como já dissemos, não existem regras muito fixas para a formação de um grupo de leitura, mas certa disciplina (sem a qual, convenhamos, nem um grupo de pôquer sobrevive) é necessária. Por exemplo, a frequência.

Ninguém vai precisar responder a uma chamada, mas é importante o comparecimento regular. Chamamos frequência mínima o comparecimento dos participantes a todas as reuniões necessárias sobre a leitura escolhida.

O ideal é que os livros já venham lidos de casa, mas, se isso não ocorrer, a leitura pode ser feita por capítulos, em voz alta, no momento da reunião. Esse procedimento, embora mais lento, favorece a concentração do grupo, elimina desculpas para a não leitura (muitas vezes, as pessoas faltam às reuniões, justamente porque não "conseguiram" tempo para ler e isso pode, inclusive, afastá-las dos encontros) e torna mais vivo o ato de ler. As reuniões podem ser semanais, quinzenais ou mensais (toda primeira quarta-feira do mês, por exemplo) e devem ser respeitadas sob risco de dissolução do grupo. As ausências e os desencontros desestimulam qualquer tipo de trabalho. O horário deve ser decidido entre todos e cumprido para que tais encontros não se prolonguem além do necessário. Uma hora e meia a duas de trabalho são suficientes. Tudo dependerá do desejo do grupo de esticar ou abreviar um pouco mais o assunto em questão. Quanto ao número de participantes, ele pode ser variado, mas aposto mais em grupos de tamanho médio (sete a dez pessoas), nos quais a falta eventual de um ou dois membros não prejudica a dinâmica da reunião.

Os participantes de um grupo de leitura não necessitam pertencer a uma classe social, ter um nível cultural ou faixa etária determinados. O ideal é que as pessoas tenham interesses comuns e o principal: gosto pela leitura, curiosidade pelo assunto ou, mesmo, interesse profissional pelo que está sendo tratado. É preciso lembrar que as diferenças de faixa etária ou culturais são, muitas vezes, estimulantes e nos revelam belas surpresas.

Quanta coisa nova um adolescente pode ensinar a um adulto! E a recíproca é verdadeira: quanta experiência um adulto pode repassar a um grupo mais jovem! Em todo caso, para formar um grupo de leitura, podemos partir de pessoas que frequentem os mesmos espaços que nós (nosso grupo de ginástica, de meditação etc.).

Com relação aos espaços para essas reuniões "subversivas" (no sentido de que ler é subverter a ordem da desinformação a que nossa história quer nos condenar), elas poderão ser realizadas em residências particulares, bibliotecas, igrejas, centros culturais, escolas etc. O lugar escolhido precisa ser silencioso, confortável, agradável, digamos assim. O barulho, o desconforto e a campainha da porta ou do telefone não favorecem a concentração.

Quase todas as pessoas sentem prazer em ir ao cinema, não é? Pois além da qualidade da peça ou do filme em cartaz, o prazer provém, inegavelmente, do ambiente confortável e do silêncio característicos de tais espaços.

Agora, que leituras fazer, que gêneros são mais apropriados para envolver nosso grupo de leitura? Existem experiências de leitura em grupo que deram certo? Esse é nosso próximo assunto.

▷ SUGESTÕES DE PROGRAMAS DE LEITURA A SEREM DESENVOLVIDOS PELO GRUPO

Como já dissemos anteriormente, o que pode motivar o grupo de leitura é, senão a paixão pelos livros, um interesse profissional.

Nossos colegas de trabalho poderão se envolver juntos em projetos que demandem atualização permanente, razão mais do que suficiente para os encontros. Mas nem sempre essa paixão ou interesse existe em todos com a mesma intensidade, e muitas vezes será necessário um trabalho de conquista, de sedução propriamente dito.

De que modo, então, vamos motivar as pessoas para os primeiros encontros?

Para começar, o grupo não precisa reunir-se necessariamente em torno de um livro específico. Esta poderá ser uma etapa posterior.

Podemos começar com um artigo de jornal, uma crônica, um conto, um vídeo que nos leve a um texto escrito que possa ser repassado por meio de reprodução para o grupo. No início, textos curtos são os ideais porque sua estrutura é percebida rapidamente e de forma "total". A percepção integral de um texto num tempo breve de leitura é importante para o trabalho inicial de integração entre os participantes do encontro. Se os textos forem literários, os contos ou as crônicas são os mais indicados porque temas e problemas poderão ser discutidos de modo mais objetivo. Com relação aos romances, talvez seja melhor uma leitura de seus inícios, fazendo-se uma espécie de introdução explicativa à obra.

Assim, por exemplo, ler e pensar o primeiro capítulo de *Vidas Secas* de Graciliano Ramos, e discutir os problemas do Nordeste brasileiro que persistem ainda hoje, são ações que servem para incentivar a leitura do restante do livro, ao mesmo tempo em que o grupo é brindado com uma chave de compreensão da história. O mesmo pode acontecer com ensaios longos sobre qualquer assunto.

Recomendo sua leitura por capítulos.

Os temas podem variar da psicanálise à política, passando por filosofia ou religião, não importa. O interesse dos companheiros é que conta porque a leitura tem de ser, sobretudo, enriquecedora. Se os participantes de um grupo forem colegas de trabalho, será bom que selecionem uma bibliografia que atenda a seus interesses profissionais, como uma forma de se manterem atualizados dentro de suas funções ou aprofundarem aspectos que lhes interessem de modo mais específico.

Se o grupo for diversificado, o ideal é que, numa primeira reunião, os participantes falem de si, de seus interesses pessoais.

Livros não lidos na infância ou na adolescência são, às vezes, a frustração de muitos. Obras clássicas muito citadas e não lidas, também. Não que as pessoas se vejam obrigadas a lê-las, mas um grupo de leitura é, quase sempre, motivador dessa prática. Há grupos que se reúnem para ler obras escritas em outras línguas: é um modo de praticar o inglês, o francês ou o idioma de interesse da maioria.

Mais adiante, as pessoas fatalmente se interessarão por um livro específico, um assunto, um autor. Existem, por exemplo, grupos de reflexão filosófica, grupos de poesia, de ficção científica, de estudos teológicos (como os que frei Betto mantém há anos no Rio de Janeiro e em São Paulo).

Muitas vezes o grupo se reúne em torno de um autor apenas com o propósito de ler e entender sua obra. Nesse último caso, o elemento motivador dos encontros é a complexidade ou o desejo de aprofundar mais alguns aspectos da obra de um autor.

Mas e na prática, como funcionam as leituras, as discussões? O que se segue é uma espécie de súmula das etapas dessa reunião. Nada muito rígido, mas certa ordem na forma de conduzir os encontros só os torna mais eficientes.

REQUISITOS BÁSICOS PARA QUE A LEITURA EM GRUPO POSSA CUMPRIR-SE COM ALGUMA EFICÁCIA

» Pontualidade: escolhido o local e já tendo previamente combinado ou lido o texto que o grupo elegeu, é importante que sejamos pontuais.

» Assiduidade: é a frequência mínima de que já falamos. Sem ela, rapidamente o grupo se dissolverá.

» Provocar o grupo com questões curiosas, estimulantes e controversas, mas não permitir que as discussões se transformem em agressões pessoais ou fujam ao limite do razoável.

» Objetivar o máximo possível os apartes, as opiniões, evitando que fujam ao assunto do texto proposto.

» Dar chance a todos os membros do grupo de expressarem suas ideias (sabemos que "alguém" sempre falará um pouco mais, em geral, os menos tímidos).

» Distribuir equitativamente o tempo da reunião de modo que haja espaço para a leitura em voz alta (se ela existir), para as discussões e para as conclusões. O ideal é que o texto já venha lido de casa e com algumas questões (que foram propostas na reunião anterior) respondidas.

» É importante que haja um relator para as conclusões. Ele funcionará como uma espécie de *memória* das leituras do grupo. Para não sobrecarregar ninguém, o relator pode mudar a cada reunião ou a cada dois meses.

» Programar as etapas de leitura do livro proposto (tentar uma previsão do tempo de leitura sem, no entanto, transformar esse tempo em camisa de força para o grupo). Retardar ou acelerar a abordagem de um livro.

» Não existem livros ou textos mais ou menos importantes. Todo tipo de leitura proposto é válido, desde que a maioria concorde, e é até possível interromper uma leitura que não esteja satisfazendo os leitores.

» Outros podem participar das reuniões, desde que tenham lido o texto em discussão. É bom evitar a participação de "curiosos", que dispersam o grupo por não terem lido o texto, interrompendo raciocínios mais objetivos.

Essas são apenas algumas observações que podem ser levadas em conta durante as reuniões para leitura. O importante é evitarmos o dogmatismo e a rigidez de procedimentos que afastam mais do que estimulam. E a programação pode ser variada: reunir, por exemplo, para ler alguns contos das *Mil e Uma Noites*, biografias, livros de história antiga e antropologia. Aspectos de contabilidade ou economia que fazem a história de um povo. Imagine quantos assuntos interessantes você pode desenvolver na companhia de outros!

É importante perceber que não necessitamos de muita sofisticação para nos atualizamos e que o livro ainda é o veículo de mais fácil acesso. Conforme já dissemos, ler é uma atividade barata que pode ser incluída em ocasiões informais, como aniversários, festas etc.

Em nosso país, existem várias experiências bem-sucedidas de leituras coletivas, como um projeto de leitura nas prisões, nascido em Vitória da Conquista e que hoje se tornou prática em outras cidades. Programas de leitura em hospitais e maternidades também tiveram êxito. Grupos diferenciados de terceira idade, de adolescentes, grupos cuja proposta é intergeracional (integrar gerações distintas), como o desenvolvido pelo Sesc e outras instituições, que descobriram na leitura um modo eficiente e humano de socializar ou de reintegrar pessoas à comunidade.

▷ LEITURA EM GRUPO: OPORTUNIDADE DE POTENCIALIZAR SEUS CONHECIMENTOS

Quando alguém escolhe um livro para ler, elegendo-o entre tantos outros, é porque houve algum tipo de atração pelo gênero, pelo tema, pelo título. Quando um grupo de pessoas resolve ler um determinado tipo de livro, é porque, de algum modo, a maioria se identificou com um assunto específico ou teve curiosidade por ele.

Iniciam-se os encontros, e o efeito mais poderoso dessa leitura "grupal" é o da troca. Cada indivíduo carrega dentro de si um mundo de vivências e de leituras que o particularizam e fazem com que sua percepção de um texto adquira um colorido determinado.

> *A leitura em grupo amplia e ordena nossos conhecimentos. Dá-nos um poder que é inimaginável quando lemos solitariamente.*

Ora, em grupo, essas cores se misturam, o caleidoscópio de informações e de percepções potencializa-se numa soma de experiências.

Por isso é possível afirmar que a leitura em grupo amplia e ordena nossos conhecimentos. Dá-nos um poder que é inimaginável quando lemos solitariamente. Cada leitor é um recriador de textos, completando ou modificando o que lhe foi proposto.

Em grupo, todos estão, de algum modo, ligados pela linguagem, seja ela literária, lógica ou referencial. Existem livros que informam e formam seus leitores. Apesar de seu caráter denotativo, quando sua leitura é feita em grupo, as informações nos chegam e se multiplicam, mas de modo mais sistemático. Esse fenômeno ocorre nos livros técnicos, documentais ou científicos. Enfim, a leitura em grupo potencializa, de fato, nossa leitura da realidade e nossos conhecimentos, porque é o resultado da soma real de sons e de sentidos. Pode servir de terapia, criando a oportunidade de grandes encontros.

No terreno profissional, rende frutos incríveis, acumula e agiliza informações, amplia (paradoxalmente) nosso raio de ação.

Deixamos de ser especialistas apenas em um determinado campo do conhecimento, e esse é o primeiro passo para uma leitura saudável.

E tem mais: em grupo percebemos que não estamos sós em nossa incompreensão, nos conflitos, nas ansiedades ou nas alegrias. Descobrimos a palavra *ou*, sinal de alternância, mudança, única certeza que ainda podemos ter nos dias de hoje.

Fica, assim, o convite para o estudo, para o encontro, para o crescimento pessoal.

Ler é uma arte que pode ser de muitos, que pode nos devolver a nós mesmos. Ler é poder, é conhecer a nós mesmos e aos outros. Vamos, pois, ler juntos?

(Texto escrito para treinamento no Centro de Formação Banco do Brasil e reproduzido em apostilas entre os funcionários.)

BIBLIOGRAFIA

ABREU, Caio Fernando. *Morangos Mofados*. 4ª ed., São Paulo: Brasiliense, 1983.

AGUIAR E SILVA, Vitor Manuel. *Teoria Literária*. Rio de Janeiro: Martins Fontes, 1974.

ANDRADE, Carlos Drummond de. *Reunião*. Rio de Janeiro: José Olympio, 1980.

BACELAR, Luís. *Sol de Feira*. Manaus: Edições Puxirum, 1985.

BACHELARD, Gaston. *A Poética do Espaço*. Rio de Janeiro: Livraria Eldorado Editora, 1980.

BAKER, Ronald. *A Fome de Ler*. Rio de Janeiro: Fundação Getulio Vargas, 1975.

BANDEIRA, Manuel. *Estrela da Vida Inteira* (poesias reunidas). Rio de Janeiro: José Olympio/INL, 1970.

BARTHES, Roland. *O Prazer do Texto*. São Paulo: Elos, 1973. CÂNDIDO, Antônio. Na Sala de Aula. São Paulo: Ática, 1986.

CALVINO, Italo. "A Necessidade-prazer da Leitura". *Leia Livros*, São Paulo, agosto de 1986.

CARVALHO, Bárbara Vasconcelos de. *A Literatura Infantil: Visão histórica e crítica*. 2ª ed., Rio de Janeiro: Edart, 1982.

CASTRO, Manoel Antônio de. *O Acontecer Poético*. Rio de Janeiro: Antares, 1982.

CHAUI, Marilena. "O que é ser educador hoje? Da arte à ciência; a morte do educador". Em: Brandão, Carlos R. (Org.). *O Educador: Vida e morte*. Rio de Janeiro: Graal, 1982.

CORTÁZAR, Julio. *Histórias de Cronópios e de Famas*. Rio de Janeiro: Civilização Brasileira, 1968.

____. *Final de Jogo*. Rio de Janeiro: Expressão e Cultura, 1971.

FONSECA, Rubem. *Lúcia MacCartney*. 5ª ed., Rio de Janeiro: Codecri, 1978

FREIRE, Paulo. *A Importância do Ato de Ler*. 7ª ed., São Paulo: Cortez, 1984. Coleção Polêmicas do Nosso Tempo.

HELD, Jaqueline. *O Imaginário no Poder*. São Paulo: Summus, 1977.

LINS, Osman. *Problemas Inculturais Brasileiros*. São Paulo: Summus, 1977.

____. *Do Ideal e da Glória*. Rio de Janeiro: Civilização Brasileira, 1975.

MARTINS, Maria Helena. *O Que É Leitura?* São Paulo: Brasiliense, 1986. Coleção Primeiros Passos.

MEIRELES, Cecília. *Flor de Poemas*. Rio de Janeiro: Nova Aguilar, 1980.

MENDES, Murilo. *O Menino Experimental*. São Paulo: Summus, 1979.

PATTO, Maria Helena de Souza. *Introdução à Psicologia Escolar*. São Paulo: T.A. Queiroz Editor, 1985.

PAZ, Octavio. *O Arco e a Lira*. Rio de Janeiro: Nova Fronteira, 1982.

____. *Os Filhos do Barro*. *Rio de Janeiro*: Nova Fronteira, 1984.

PRADO, Adélia. *O Coração Disparado*. Rio de Janeiro: Nova Fronteira, 1984.

PERROTTI, Edmir. *A Produção Cultural para a Criança*. Porto Alegre: Mercado Aberto, 1982.

QUINTANA, Mário. *Antologia Poética*. Porto Alegre: Globo, 1985.

RAMOS, Maria Luiza. *Fenomenologia da Obra Literária*. Rio de Janeiro: Forense Universitária, 1969.

Revista Semestral da Associação de Leitura do Brasil. "Leitura: teoria e prática", Porto Alegre: Mercado Aberto, nº 0, 1982.

____. nº 1, 1983.

____. nº 2, 1983.

____. nº 3, 1984.

Revista Tempo Brasileiro. "O texto, a leitura." Rio de Janeiro: Tempo Brasileiro, nº 41, 1975.

ROCHA, Ruth. *Marcelo Marmelo Martelo*. Rio de Janeiro: Salamandra, 1976.

SCLIAR, Moacyr. *O Anão no Televisor*. Porto Alegre: Globo, 1978.

SCHMITT, M. P. e VIALA, A. *Savoir-lire*. Paris: Antares, 1982.

SMITH, Frank. *Writting and the Writer*. Nova York: Holt Rinehart and Winston, 1983.

STAIGER, Emil. *Conceitos fundamentais de poética*. Rio de Janeiro: Tempo Brasileiro, 1975.

STAIGER, Ralph e SOHN, David A. *New Directions in Reading*. Nova York: Bantam Matrix Editions, 1967.

ZILBERMANN, Regina (Org.). *Leitura em Crise na Escola*. Porto Alegre: Mercado Aberto, 1982.

BIBLIOGRAFIA SOBRE LEITURA E AFINS

A PRESENTE BIBLIOGRAFIA não tem a pretensão de abranger toda a produção editorial sobre o assunto. Trata-se de livros publicados (nem todos tão recentemente e muitos ainda no século passado) cuja leitura esclareceu dúvidas, ampliou percepções, enriqueceu meus horizontes sobre o assunto. Foram importantes e me ajudaram muito em minha prática com as oficinas e os grupos de leitura com os quais trabalho desde 1985. Não os utilizei diretamente nos ensaios, mas recomendo sua leitura, principalmente porque são livros "vivos", isto é, foram escritos com a paixão de quem faz e acredita naquilo que faz. São eles:

ABRAMOWICH, Fanny. *Literatura infantil: Gostosuras e Bobices.* São Paulo: Scipione, 1989.

BATTLES, Matthew. *A Conturbada História das Bibliotecas.* São Paulo: Cia das Letras, 2002.

BORGES, Jorge Luis. *Esse Ofício do Verso.* São Paulo: Cia das Letras, 2002.

CALVINO, Italo. *Por que Ler os Clássicos.* São Paulo: Cia das Letras, 1993.

CHARTIER, Roger. *A Aventura do Livro – do Leitor ao Navegador.* São Paulo: Edunesp, 1999.

——. *Os Desafios da Escrita.* São Paulo: Edunesp, 1994.

____. (Org.). *Práticas da Leitura.* São Paulo: Estação Liberdade, 1990.

CORTÁZAR, Julio. *Valise de Cronópios.* São Paulo: Perspectiva, 1981.

COLASANTI, Marina. *Fragatas para Terras Distantes*. Rio de Janeiro: Record, 2006.

ECO, Umberto. *Lector in Fabula*. São Paulo: Perspectiva, 1979.

____. *Seis Passeios pelos Bosques da Ficção*. São Paulo: Cia das Letras, 1994.

____. & BONAZI, Marisa. *Mentiras que Parecem Verdades*. São Paulo: Summus, 1980.

YUNES, Eliana (Org.). *Pensar a Leitura: Complexidades*. Rio de Janeiro: PUC-Rio/Loyola, 2002.

LAJOLO, Marisa. *Do Mundo da Leitura para a Leitura do Mundo*.

São Paulo: Ática, 1993.

MANGUEL, Alberto. *Uma História da Leitura*. São Paulo: Cia das Letras, 1998.

____. *No Bosque do Espelho*. São Paulo: Cia das Letras, 2000.

MACHADO, Ana Maria. *Como e Por que Ler os Clássicos*. Rio de Janeiro: Objetiva, 2002.

PIGLIA, Ricardo. *O Último Leitor*. São Paulo: Cia das Letras, 2008.

PROSE, Francine. *Para Ler Como um Escritor*. Rio de Janeiro: Zahar Editora, 2008.

PROUST, Marcel. *Sobre a Leitura*. 2ª ed., Campinas: Pontes, 1991.

RAMOS, Anna Cláudia. *Nos Bastidores do Imaginário: Criação e literatura infantil e juvenil*. São Paulo: DCL, 2006.

RODARI, Gianni. *Gramática da Fantasia*. São Paulo: Summus, 1982.

SANDRONI, Laura; MACHADO, Luiz Raul. *A Criança e o Livro: Guia prático de estímulo à leitura*. São Paulo: Ática, 1985.

SHOPENHAUER, Arthur. *Sobre Livros e Leitura*. Rio de Janeiro: Palmarinca, 1995.

ZAYD, Gabriel. *Livros Demais: Sobre ler, escrever e publicar*. São Paulo: Summus, 2004.

ZILBERMAN, Regina. *Fim do livro. Fim dos Leitores?* São Paulo: Senac, 2001.

DADOS BIOBIBLIOGRÁFICOS DA AUTORA

SUZANA VARGAS é gaúcha de Alegrete e reside no Rio de Janeiro desde 1973. Poeta, autora de literatura infantil e ensaísta com vários títulos publicados. É mestre em teoria literária pela Universidade Federal do Rio de Janeiro, onde cursou letras, e pesquisadora da Fundação Biblioteca Nacional. Nessa instituição, nos anos 1990, editou com outros escritores por dez anos a revista Poesia Sempre e hoje coordena o setor de cursos da Casa da Leitura/Proler. É professora de literatura há trinta anos, tendo ensinado em vários níveis escolares (do primeiro grau à universidade).

Desde 1980, quando fez parte da coordenação dos Clubes de Leitura do Prodelivro/MEC, dedica-se ao trabalho com oficinas de poesia e de leitura em universidades e entidades culturais de todo o Brasil.

Em 1988, defendeu a tese de mestrado *Leitura: Uma aprendizagem de prazer,* transformada e publicada em livro pela José Olympio e indicada pelo International Book on Boards for Young People (IBBY) como um dos três melhores ensaios sobre o assunto daquele ano.

De 1992 a 2005, idealizou e coordenou o projeto Rodas de Leitura, em parceria com o Centro Cultural Banco do Brasil do Rio de Janeiro (onde permaneceu por 13 anos), de Brasília e São Paulo (durante 5 e 2 anos, respectivamente). O projeto percorreu, durante três anos, todas as capitais brasileiras com o Circuito Cultural Banco do Brasil. Nesse período, os mais consagrados nomes da cultura e da literatura brasileira e estrangeira participaram dos eventos sob sua curadoria, como Jorge Amado, João Antônio, Lygia Fagundes Telles, Chico Buarque, Caetano Veloso, Ricardo Piglia, Eduardo Galeano, Eduardo Agualusa e Athiq Rahimi. Por seu pioneirismo, as Rodas de Leitura viraram moda no país. Ainda durante esse período, consolidou-se como curadora e produtora de eventos nacionais e internacionais de leitura e literatura em diversas instituições e centros culturais, como Centro Cultural dos Correios, Secretaria Municipal de Cultura, SNEL/Sindicato Nacional de Editores e Livreiros, entre muitos.

Em 1996, idealizou e ainda coordena o projeto/espaço Estação das Letras, inédito no país (como espaço alternativo única e exclusivamente dedicado à leitura e à escrita) que oferece, de forma ininterrupta, cursos e oficinas de criação literária e programas de leitura dos quais participam alguns dos mais importantes nomes da literatura nacional.

Tem poemas traduzidos na Itália, nos Estados Unidos, na Espanha, na Alemanha, na Argentina e na França.

Possui, entre poesia, literatura infantil e ensaio, 15 livros publicados.

Poesia

Por um Pouco Mais. Rio de Janeiro: Tempo Brasileiro, 1979; *Sem Recreio*. Rio de Janeiro: Achiamé, 1983; *Sempre-noiva*. Rio de Janeiro: Achiamé, 1984; *Sombras Chinesas*. São Paulo: Massao Ohno, 1990; *Caderno de Outono e Outros Poemas*. Rio Grande do Sul: Edunise, 1997; *O Amor é Vermelho*. Rio de Janeiro: Ed. Garamond, 2005.

Literatura Infantil

Será Sonho, Frederico? Rio de Janeiro: Orientação Cultural, 1987; *Doce de Casa*. 5ª ed. Rio de Janeiro: José Olympio, 1995; *De Olho no Piolho*. Rio de Janeiro: Orientação Cultural, 1990; *Cochicho*. 5ª ed. Rio de Janeiro: José Olympio, 1995; *O Mistério de Nina*. Rio de Janeiro: Imago, 1993; *O Livro dos Quase-amores*. São Paulo: FTD/Quinteto, 1995; *Porta a Porta – Correspondência*. São Paulo: Saraiva, 1998.

Ensaio

Leitura: Uma aprendizagem de prazer. Rio de Janeiro: José Olympio, 1993.

Projetos corporativos e edições personalizadas
dentro da sua estratégia de negócio. Já pensou nisso?

Coordenação de Eventos
Viviane Paiva
comercial@altabooks.com.br

Assistente Comercial
Fillipe Amorim
vendas.corporativas@altabooks.com.br

A Alta Books tem criado experiências incríveis no meio corporativo. Com a crescente implementação da educação corporativa nas empresas, o livro entra como uma importante fonte de conhecimento. Com atendimento personalizado, conseguimos identificar as principais necessidades, e criar uma seleção de livros que podem ser utilizados de diversas maneiras, como por exemplo, para fortalecer relacionamento com suas equipes/ seus clientes. Você já utilizou o livro para alguma ação estratégica na sua empresa?

Entre em contato com nosso time para entender melhor as possibilidades de personalização e incentivo ao desenvolvimento pessoal e profissional.

PUBLIQUE SEU LIVRO

Publique seu livro com a Alta Books. Para mais informações envie um e-mail para: autoria@altabooks.com.br

CONHEÇA OUTROS LIVROS DA **ALTA BOOKS**

Todas as imagens são meramente ilustrativas.

/altabooks /alta-books /altabooks /altabooks

ROTAPLAN
GRÁFICA E EDITORA LTDA
Rua Álvaro Seixas, 165
Engenho Novo - Rio de Janeiro
Tels.: (21) 2201-2089 / 8898
E-mail: rotaplanrio@gmail.com